Märchen zum Aufwachen

von Wolfgang Walter
E'un-Ken

Geschichten für Menschen,
die nach dem Sinn des Lebens fragen

M. Hackethal Verlag

ISBN 978-3-936285-25-3

Wolfgang Walter: Märchen zum Aufwachen.
Geschichten für Menschen, die nach dem Sinn des Lebens fragen.

1. Auflage 2007

M. Hackethal Verlag, Parscheider Str. 49, D–53567 Asbach,
Tel. (02683) 938222, www.hackethal-verlag.de, info@hackethal.de

Wolfgang Walter, E'un-Ken, www.zen-walter.de

Illustrationen: Ildikó Zavrakidis, www.ildiko-design.de

Druck: Freiburger Graphische Betriebe, www.fgb.de

Das Leben danach

Es waren einmal zwei winzig kleine Wesen, Fred und Timo. Sie lebten an einem warmen Ort, an dem sie sich sehr geborgen fühlten. Gemeinsam wuchsen sie heran und waren gute Freunde. Vielleicht rührte diese tiefe Freundschaft auch daher, dass beide vollkommen gleich aussahen. Immer waren sie einer Meinung, dachten nicht an gestern und morgen, nicht an Zeit und Ewigkeit. Mit einem Wort: Sie waren wunschlos glücklich und fühlten sich wie im Paradies.

Als sie allmählich immer reifer wurden, geschah eines Tages etwas Unglaubliches: Ein fremdes Wesen, das sie vorher noch nie gesehen hatten, drang von außen in sie ein und setzte sich in ihnen fest.

Von diesem Moment an waren sie nicht mehr dieselben. Sie spürten, wie sie sich auf unerklärliche Weise fortbewegten und dabei veränderten – sie teilten sich.

Nach einiger Zeit war ihre Wanderschaft beendet und sie hatten das Gefühl, nun ihr Ziel erreicht zu haben. Sie machten es sich bequem in einem Raum, zu dem Außerirdische »Gebärmutter« sagen. Hier fühlten sie sich ausgesprochen wohl, doch irgendwie war jetzt alles anders. Immer öfter waren sie gegensätzlicher Meinung. Vielleicht kam das daher, dass Timo mehr nach innen gekehrt war und mit großem Interesse verfolgte, was in ihm geschah, während Fred ständig herumnörgelte und sich über jede Kleinigkeit aufregte. Timo hingegen sah alles von der positiven Seite. Oft versuchte er, Fred zu beruhigen, indem er sagte: »Mach dir keine Sorgen, das wird schon.« Fred aber befürchtete ständig, es könne etwas Schlimmes geschehen. Mit einem Satz: Die beiden verstanden sich nicht mehr so gut wie früher. So wuchsen sie heran und ihre Entwicklung schien kein Ende zu nehmen.

Trotz ihrer oft unterschiedlichen Ansichten hatten beide jedoch nur eines im Sinn: Sie wollten groß werden. Dabei schauten sie sich oft gegenseitig an und bewunderten sich, denn sie hatten ja keinen Spiegel. Nach zweiundzwanzig Wochen war es ihre größte Freude, herumzutollen und Purzelbäume zu schlagen.

Sieben weitere Wochen vergingen. Fred fühlte sich mehr und mehr wie in einem Gefängnis und wurde immer stiller und nachdenklicher.

»Was ist los mit dir?«, fragte Timo besorgt.

»Ich kann mich nicht mehr richtig bewegen. Es ist so eng hier und es wird von Tag zu Tag schlimmer. Fühlst du das nicht auch?«

»Ja«, sagte Timo, »aber mach dir keine Sorgen. Es wird schon alles gut.«

Doch Fred konnte sich nicht beruhigen. Von Tag zu Tag wurde er ängstlicher. Als Timo sich nach einem Nickerchen gerade ausgiebig streckte, brach es aus Fred heraus: »Ich glaube, wir werden bald sterben!«

»Wie kommst du denn darauf?«, fragte Timo überrascht.

»Ich habe den Eindruck, in einem Grab zu leben. Früher, als ich noch klein war, konnte ich mich ganz frei bewegen, doch jetzt fühle ich mich von Tag zu Tag beengter. Wenn es so weitergeht, werden wir uns noch gegenseitig erdrücken!«

Und nach einer Weile fuhr er fort: »Sag mal, glaubst du eigentlich an ein Leben nach der Geburt?«

Timo sah ihn erstaunt an.

»Natürlich«, antwortete er im selben Augenblick. Er war selbst überrascht von seiner Antwort. »Hier drinnen wachsen wir, bis wir geboren werden und an die frische Luft da draußen kommen.«

Fred war fassungslos. »Du glaubst tatsächlich an ein Leben nach der Geburt? Du denkst, es gibt etwas, das ganz anders ist als diese Welt, in der wir jetzt leben?«

Nie hätte er geglaubt, dass Timo an etwas so Absurdesglauben könnte. Fred war außer sich. Empört rief er: »Du träumst doch! Woher willst du denn das wissen? Das hast du bestimmt erfunden, gib es zu! Du mit deinem ewigen Optimismus! Es kann kein Leben nach der Geburt geben, es gibt nur das Leben hier drinnen. Und frische Luft, was soll das überhaupt sein?«

»Genau kann ich dir das auch nicht sagen. Aber glaube mir, du wirst dich viel freier fühlen und wieder Purzelbäume schlagen können. Außerdem sagt mir irgendetwas, dass es da draußen viel heller ist. Es wird eine ganz neue Welt voller neuer Möglichkeiten sein.«

»So ein Blödsinn«, sagte Fred. »Heller als hier geht es doch gar nicht!«

»Eigentlich weiß ich es auch nicht, aber mein Gefühl sagt mir, dass es bestimmt etwas gibt, das wir mit unserem kleinen Verstand nicht begreifen können.«

Fred betrachtete Timo spöttisch, aber der fuhr unbeirrt fort.

»Es könnte auch möglich sein, dass wir unseren Mund dazu haben, um ganz köstliche Sachen essen zu können.«

»Mit dem Mund essen?«, erwiderte Fred. »Das ist doch ganz verrückt. Schau her: die Nabelschnur, die ernährt uns! Für ein Leben da draußen wäre die doch viel zu kurz! Wo hast du eigentlich deinen gesunden Menschenverstand gelassen?«

»Doch, doch, es geht bestimmt«, sagte Timo im Brustton der Überzeugung, »es wird nur alles ein bisschen anders sein.«

»Du bist schon immer ein Träumer gewesen«, erwiderte Fred, und ein Ton von Verachtung in seiner Stimme war nicht zu überhören. »Es ist noch nie einer zurückgekommen nach der Geburt. Ich bin der festen Überzeugung, dass unser Leben mit der Geburt einfach zu Ende sein wird.«

»Ich gebe ja zu«, sagte Timo nachdenklich, »dass keiner so ganz genau weiß, wie das Leben nach der Geburt aussehen wird, aber ich ahne, dass wir dann auch unsere Mutter sehen werden, und sicher wird sie für uns beide sorgen.«

»Mutter? Du glaubst an eine Mutter? So ein Unsinn, wo sollte die denn sein?«

Timo griff mit seinen zierlichen Ärmchen um sich. »Na hier, überall um uns herum! Wir leben in ihr, mit ihr und durch sie. Ohne Mutter wäre es uns gar nicht möglich zu existieren.«

»Ich habe noch nie etwas von einer Mutter gemerkt. Ich glaube, du denkst dir das alles nur aus, um mich zu beruhigen. Und jetzt sei endlich still, du mit deinen ewigen Hirngespinsten!«

Timo schwieg lange. Dann sagte er leise: »Wenn du ganz still bist, dann kannst du sogar ihr Herz schlagen hören.«

Fred schloss die Augen und spitzte die Ohren. Und von gar nicht weit her vernahm er ein leises Bumm-bumm, bumm-bumm, bumm-bumm.

Der leere Spiegel

Vor vielen, vielen Jahren lebte einmal in einem fernen Land eine junge, wunderschöne Frau glücklich und zufrieden. Sie hieß Marie und hatte mit ihrem Mann eine dreijährige Tochter. Ihr Mann war sehr wohlhabend und so konnten sie sich manches leisten, was anderen nicht möglich war. Oft saß Marie in ihrem großen Blumengarten und sah ihrer Tochter beim Spielen zu. Es war ein schönes Leben und sie hatte keine Sorgen.

Eines Tages jedoch geschah etwas Schreckliches: Ihr über alles geliebtes Kind wurde von einer Pferdekutsche überrollt. Alles Weinen und Klagen half nichts – das Mädchen war tot.

Vor Kummer und Gram wich alle Farbe aus Maries Leben und sie verbrachte von nun an die Zeit in Trauer und Verbitterung. Nicht lange danach verließ sie auch noch ihr Mann, weil er ihren Trübsinn nicht mehr ertragen konnte. Nun fühlte sie sich einsamer und trauriger als je zuvor und ihr Leben, das einst so bunt und sorglos gewesen war, hatte nur noch Tage des Leids für sie.

Darüber wurde sie so krank, dass sie meinte, nicht mehr lange zu leben, obwohl sie noch jung an Jahren war. Als ihre Schmerzen immer größer wurden, beschloss sie, ihrem Leben ein Ende zu machen. So ging sie in die nahe gelegene Stadt, um sich von ihrem letzten Geld bei einer Kräuterfrau Gift zu besorgen. Verwundert schaute diese Marie an und fragte, wofür sie denn das Gift bräuchte. Doch als Marie sagte, dass sie Ratten im Haus habe, gab die Kräuterfrau es ihr.

Gedankenverloren irrte Marie umher, um sich einen schönen Platz zum Sterben zu suchen. Auf einem Hügel vor der Stadt hielt sie inne und setzte sich ins weiche Gras. Traurig blickte sie über die Stadtmauern mit den vielen Türmchen hinauf in den wolkenverhangenen Himmel. »Dies ist ein guter Tag zum Sterben«, dachte sie vom Leid niedergedrückt und nahm das Gift aus ihrer Tasche.

Da kam ein kleiner, alter Mann des Weges. Unvermittelt blieb er vor ihr stehen und sah sie mit freundlichen Augen an.

»Was hast du vor?«

»Ich mache meinem Leben ein Ende«, antwortete Marie.

»Und warum?«, fragte der Alte und setzte sich neben sie. Marie erzählte ihm ihre Geschichte. Als sie geendet hatte, nahm der Alte sein Bündel und holte einen runden Spiegel daraus hervor. »Nimm ihn und schau hinein«, forderte er sie auf.

Marie nahm den Spiegel in beide Hände und sah hinein. Sie erschrak zutiefst. Das von Leid zerfressene Gesicht einer mürrischen alten Frau starrte ihr entgegen. Mit zittrigen Händen gab Marie dem Alten den Spiegel wieder zurück.

»Das bin nicht ich!«, brach es aus ihr heraus.

»Du hast ganz recht«, sagte der Alte nach einer langen Pause und legte den Spiegel ins Gras. »Es ist nur ein Spiegelbild.«

Marie schwieg. Nach einer Weile fragte sie: »Wie heißt du?«

»Ennis«, antwortete der Alte.

»Ist das dein Vorname?«

»Nein, mein Vorname lautet Per.«

»Ein seltsamer Name«, sagte Marie. »Und wie bist du hierher gekommen?«

»Ich bin immer ganz in deiner Nähe, was aber nicht heißt, dass ich nur bei dir bin. Ich stehe jedem Menschen zur Verfügung, vorausgesetzt, er denkt gerade an nichts.«

»Und, kannst du mir helfen, meinem Leid zu entrinnen?«, fragte Marie.

»Ja und nein«, antwortete Per.

»Wie meinst du das?«

»Helfen kann sich jeder Mensch nur selbst. Aber ich stehe jedem bei, der es wirklich will.«

Marie verstand die Worte des Alten nicht. Der aber schaute sie nur freundlich an und sagte: »Ich schenke dir diesen Spiegel. Betrachte jeden Tag dreimal für eine kurze Weile dein Gesicht darin, aber lass dich nicht in die Bilder hineinziehen, die du erblickst. Sieh dir die Bilder wie einen Traum an, den du träumst, und du wirst deinem Leid entrinnen. Wenn du möchtest, dass ich wiederkomme, klopfe einfach nur auf den Spiegel, aber denke währenddessen an nichts, denn nur so ist es mir möglich zu kommen.«

Im gleichen Augenblick war der Alte verschwunden. Marie fiel jetzt auf, dass sie immer noch das Fläschchen mit dem Gift in ihrer Hand hielt. Erschrocken ließ sie es zu Boden fallen. Sie schaute sich um, doch der Alte war nicht mehr zu sehen. Hatte sie alles nur geträumt? Nein, vor ihren Füßen lag immer noch der runde Spiegel. Sie hob ihn auf und steckte ihn vorsichtig in ihre Tasche.

Zu Hause bereitete sie sich eine Kanne Tee, setzte sich an ihren kleinen, ovalen Tisch und zündete eine Kerze an, denn es wurde schon dunkel. Im Kerzenschein nahm sie den Spiegel aus ihrer Tasche und blickte hinein. Was sie sah, ließ sie erschaudern. Ein Pferdegespann mit einer Kutsche fuhr auf der staubigen Landstraße. Es kam näher und näher. Plötzlich sah sie ein kleines, blondes Mädchen. Es lief über die Straße und die Pferde trampelten mit ihren harten Hufen über ihren zarten Körper. Das Mädchen blutete am ganzen Leib und schrie vor Schmerzen. Dann war es still und bewegte sich nicht mehr.

»Nein, das will ich nicht sehen!«, schrie Marie. »Diese verfluchten Erinnerungen! Ich will sie nicht mehr!«

Verängstigt legte sie den Spiegel zur Seite. Da fiel ihr plötzlich wieder ein, was der Alte mit dem seltsamen Namen Per Ennis gesagt hatte: »Schau in den Spiegel, aber lass dich nicht hineinziehen.« Sogleich wurde sie ruhiger. Nun erst merkte sie, wie müde sie war. Erschöpft legte sie sich auf ihr Bett und nach wenigen Augenblicken war sie eingeschlafen.

Am nächsten Morgen nahm Marie den Spiegel wieder in die Hand. »Nur nicht hineinziehen lassen«, dachte sie sich. Im Spiegel erschien das Bild ihres Mannes, mit dem sie sieben Jahre lang verheiratet gewesen war. Er lachte sie an. Dann legte er den Arm um eine fremde junge Frau und ging mit ihr davon. Das Bild verschwand so plötzlich, wie es aufgetaucht war. Wie versteinert saß Marie in dem kleinen Zimmer, Tränen rollten über ihre Wangen. Wie allein war sie doch auf dieser Welt! Sie erinnerte sich, was der Alte gesagt hatte: »Wenn du möchtest, dass ich wiederkomme, dann klopfe auf den Spiegel, aber denke währenddessen an nichts.«

Marie wollte nicht allein sein und klopfte auf den Spiegel. Doch nichts geschah. Da erkannte sie, wie sehr sie von Selbstmitleid erfüllt war. »Ich muss erst mein Leid vergessen, bevor ich an nichts denken kann«, dachte sie und schloss die Augen. Gesammelt und aufrecht saß sie nun auf ihrem harten Stuhl und wartete, dass ihr Herz zur Ruhe käme. Mit der Zeit wurde es ganz still in ihr. Kein Gedanke, kein Gefühl tauchte auf. Selbstvergessen klopfte sie auf den Spiegel. Im gleichen Augenblick stand der Alte neben ihr.

»Gut gemacht«, sagte er. »Du lernst, dich selbst auf neue Weise zu betrachten. Der Weg, allem Leid zu entrinnen, führt nur über das Sich-Selbst-Vergessen.«

»Aber was ist, wenn ich mich vergessen habe – dann bin ich doch nicht mehr?«, fragte Marie.

»Finde es heraus«, erwiderte der Alte und blickte in ihre verweinten Augen. »Du bist mehr als deine Gedanken, deine Gefühle, dein Körper. Alles Leid kommt nur daher, dass du ein Leben lang geglaubt hast, du wärest all dies!«

»Aber ich habe diesen Körper, ich habe diese Gedanken und diese Gefühle!«, erwiderte Marie. Ein leichter Trotz regte sich in ihr und auch ein wenig Angst.

Die Hand des Alten legte sich leicht wie ein Vogel auf ihre Schulter. »Du hast recht«, antwortete er freundlich, »das alles hast du, aber du bist das nicht. Du bist viel mehr!«

Marie ließ den Kopf sinken und schloss die Augen. Sie spürte ihren Atem, der gleichmäßig strömte. Um sich herum nahm sie den Raum deutlich wahr. Von draußen vernahm sie das Zwitschern der Vögel. Alles erschien ihr weit weg und doch ganz nah. Lange saß sie so am Tisch und ließ den Tag vergehen, ohne sich der Zeit bewusst zu sein. Das fühlte sich so wohl an, wie sie es schon lange nicht mehr erlebt hatte. Irgendwann schlief sie ein.

Am nächsten Morgen erwachte Marie gestärkt und voll frischen Mutes. Sogleich nahm sie den Spiegel zur Hand und schaute hinein. Da erblickte sie ihren kranken Körper, doch er hatte keine feste Form mehr. Es schien ihr, als sei er durchscheinend geworden. Schwarze Flecken bewegten sich darin. Als sie genauer hinsah, bemerkte sie, wie sie langsam kleiner und kleiner wurden. Marie saß da und beobachtete erstaunt, wie sich die schwarzen Flecken langsam auflösten. Und obwohl das Ganze ihr Spiegelbild war, fühlte sie sich seltsam losgelöst davon.

Als alle Flecken verschwunden waren, war sie nicht mehr in der Lage, sich selbst im Spiegel wiederzufinden. Verwundert klopfte sie dagegen. Da erschien der Alte.

»Was ist passiert?«, fragte Marie.

»Du siehst jetzt dein wahres Gesicht«, erwiderte der Alte, »dein Gesicht, als du warst, bevor du warst.«

»Das verstehe ich nicht«, entgegnete Marie.

»Dieses Nicht-Verstehen ist der Schlüssel zum Glück. Schau, die Menschen fragen immer nach der Vergangenheit oder der Zukunft. Doch dabei vergessen sie, dass ihr Leben immer nur jetzt stattfinden kann, in diesem Augenblick!«

Marie hatte den Worten des Alten mit geschlossenen Augen gelauscht und bewahrte sie in ihrem Herzen. Neugierig und ein wenig befangen blickte sie in sein gütiges Gesicht.

»Wer bist du?«, fragte sie.

»Ich bin du«, erwiderte der Alte. »Ich bin die Weisheit, die in dir wohnt. Komm mit und ich zeige dir die Welt, wie sie wirklich ist.«

Marie lächelte. Dann stand sie auf und ergriff die Hand des Alten, der sie in den hellen Tag hinausführte und nie mehr verließ. Von nun an lebte sie glücklich und zufrieden bis ans Ende ihrer Tage.

Die kleine Wolke

Es war einmal eine kleine, weiße Wolke, die sich an einem heiteren Sommertag am blauen Himmel gebildet hatte. Hoch über der Erde zog sie dahin und hatte ihre Freude daran, sich vom Wind treiben zu lassen. Nach und nach kamen andere kleine Wölkchen hinzu und sie spielten miteinander Fangen. Das machte ihr großen Spaß, vor allem dann, wenn sie das Spiel gewann. Die kleine Wolke war ein guter Gewinner. Verlor sie aber das Spiel, zog sie sich zurück und blies beleidigt ihre Backen auf. Dann sah sie aus wie ein kleiner, weicher Watteball. In dieser Traurigkeit überkam sie oft ein Gefühl von Verlassenheit und Einsamkeit.

Als sie eines Tages wieder einmal mutterseelenallein über den Himmel trieb und schmollte, näherte sich ihr von der Seite ganz vorsichtig eine größere Wolke und fragte: »Was ist los mit dir?«

»Ach, lass mich in Ruhe!«, erwiderte die kleine Wolke. Doch insgeheim war sie froh, dass jemand bei ihr war, dem sie ihr Leid klagen konnte. »Die anderen sind so gemein zu mir. Sie sind alle schneller als ich.«

»Aber es ist doch nur ein Spiel«, erwiderte die große Wolke. »Da gibt es nun einmal Gewinner und Verlierer!«

»Ich möchte aber kein Verlierer sein, ich möchte gewinnen!«, entgegnete die kleine Wolke trotzig.

Da wurde die große Wolke sehr nachdenklich. Nach einer Weile sprach sie: »Ich glaube, dein Problem ist es nicht zu verlieren. Dein Problem liegt viel tiefer. Du hast Angst vor etwas. Möchtest du nicht mit mir darüber sprechen?«

Die kleine Wolke sah sie heimlich von der Seite an, dann schaute sie schnell wieder weg. »Sie scheint vertrauenswürdig zu sein«, dachte sie bei sich. Nach einer Weile begann sie stockend zu erzählen.

»Ich habe gehört, dass alle Wolken, wenn sie groß geworden sind, sterben müssen. Stimmt das?«

Die große Wolke blickte erstaunt auf die kleine Wolke. »Warum machst du dir Sorgen über die Zukunft und genießt nicht den Augenblick, den blauen Himmel, die Wärme und den Wind? Warum fragst du nach dem Tod und nicht nach dem Leben? Warum gibt es dich überhaupt? Warum kannst du dich frei über den Himmel bewegen?«

Schweigend blickte die kleine Wolke vor sich hin. Statt eine Antwort zu bekommen, wurden ihr neue Fragen gestellt. Aber es waren gute Fragen, das spürte sie. Fragen, die sie sich ab und zu auch schon selbst gestellt hatte. Nach einer Weile sagte sie: »Möchtest du meine Freundin sein? Ich habe das Gefühl, dass ich dir vertrauen kann.«

»Gerne«, erwiderte die große Wolke. »Und vielleicht kann ich dir ja ein wenig Mut für das Leben machen. Möchtest du?«

Da nickte die kleine Wolke sehr erleichtert. Mit einem Mal war ihre Angst verflogen. Sie schmiegte sich an die große Freundin und gemeinsam tanzten sie dem Horizont entgegen, der sich in der Abendsonne glutrot färbte.

Als die kleine Wolke am nächsten Tag erwachte, fühlte sie sich groß und stark. Ein kräftiger Wind blies aus dem Westen.

»Was ist geschehen?«, fragte sie ihre Begleiterin. »Du siehst ja heute ganz anders aus!«

Die große Wolke lachte. »Wir alle verändern ständig unsere Form. Auch wenn wir uns gleich fühlen, verändert sich unser Aussehen doch jeden Tag. Aber auch du bist heute größer geworden. Du bist jetzt erwachsen.«

»Muss ich dann bald sterben?«, fragte die kleine Wolke ängstlich.

»Das weiß niemand ganz genau«, erwiderte ihre große Freundin und streifte ihr sanft über die Wange. Der kleinen Wolke wurde ganz seltsam zumute.

»Du brauchst keine Angst zu haben«, sagte die große Wolke mit ruhiger Stimme. »Unsere Form ist in Wirklichkeit ganz leer. Es schaut nur so aus, als ob sie fest wäre. Deswegen können wir uns auch verbinden.«

»Verbinden?«, fragte die kleine Wolke.

»Ja. Wir sind keine Einzelwesen. Im Grunde gehören wir alle zusammen und sind eins.« Ihre große Freundin kam jetzt ganz nah an sie heran.

Die kleine Wolke staunte, denn sie fühlte sich plötzlich mit der großen Wolke auf eine neue Art verbunden. Ein wunderbares Glücksgefühl stieg in ihr auf. Dann brach es aus ihr heraus: »Du bist ich und ich bin du! Da ist kein Unterschied mehr zwischen dir und mir!«

»Ja«, klang es aus ihr heraus. Die große Wolke war ganz in sie hineingetaucht.

»Heute fühle ich mich zum ersten Mal richtig frei«, sagte die kleine Wolke freudestrahlend. In diesem Augenblick fiel ein Sonnenstrahl genau auf sie, so dass sie in hellstem Weiß aufleuchtete. Aufmerksam hörte die kleine Wolke zu, wie es in ihr zu sprechen begann.

»Alle Wesen sind in Wirklichkeit vollkommen frei. Das ist ihre wahre Natur. Auch die Menschen, die da unten leben, sind frei. Aber sie wissen es nicht, weil sie sich von ihren kleinen Sorgen und Ängsten fangen lassen.«

»Haben sie auch Angst vor dem Sterben?«, fragte die kleine Wolke.

»Ja natürlich«, tönte es in ihr. »Sie haben noch nicht die Erfahrung gemacht, dass sie alle eins sind – außer einigen wenigen.«

»So wie ich«, sagte sie und lachte über das ganze Gesicht.

»So wie du«, entgegnete die große Wolke mit einem Augenzwinkern.

»Dann können wir uns ja jetzt gleich mit all den anderen Wolken verbinden«, sagte die kleine Wolke ungeduldig.

»Wir können das nicht machen, selbst wenn wir es wollten. Wir können es nur geschehen lassen«, erwiderte die große Wolke in ihr und fuhr fort: »Kannst du den Wind sehen?«

Die kleine Wolke musste lachen. »Nein, natürlich nicht«, sagte sie, »aber ich kann ganz deutlich spüren, wie er durch mich hindurchbläst.«

»Siehst du«, sagte die große Wolke, »dieses Spüren, das bist du. Du weißt, ob es kalt ist oder warm. Du musst nicht erst darüber nachdenken. Das, was wir wirklich sind, können unsere Augen nicht sehen und unsere Ohren nicht hören. Und doch liegt es ständig vor uns.«

Die kleine Wolke hörte gebannt zu. Nach einer Weile fragte sie: »Ist das bei den Menschen da unten auch so?«

»Ja, auch durch die Menschen weht der Wind hindurch und wirbelt alles Mögliche auf, das sind ihre Gefühle, Ängste und alten Erinnerungen. Wenn die Menschen aber ganz still werden, merken sie, dass sie nicht diese Gefühle und Ängste sind. Dann können sie alles betrachten wie das Widerspiegeln der Sonne auf der Oberfläche eines ruhigen Sees. Sie erkennen dann, dass es nur Spiegelbilder sind, aber nicht die Wirklichkeit.«

»Das klingt schön. Ich habe jetzt überhaupt keine Angst mehr«, sagte die kleine Wolke. Ohne es zu bemerken, hatte sie sich mit weiteren großen Wolken verbunden.

»Und wie fühlst du dich jetzt?«

Die kleine Wolke lauschte andächtig in sich hinein.

»Es ist nicht so, als ob ich zu einer großen Wolke geworden wäre.«

»Nein? Wie ist es dann?«

»Es ist vielmehr so, als wäre die große und gewaltige Wolkenwand in mich hineingefallen.«

»Ja«, sprach die große Wolke. »Du bist alles und alles ist in dir. Nichts bleibt so, wie es ist. Alles verändert sich ständig und verwandelt sich in etwas Neues. Wir müssen es nur geschehen lassen, dann wird alles gut.«

Die Wolkenwand am Himmel war jetzt ganz dunkel geworden. Leichter Regen fiel auf die Erde.

»Was geschieht jetzt?«, fragte die kleine Wolke.

»Wir zerfließen«, entgegnete ihre Freundin. »Unsere Form verwandelt sich und regnet als kleine Tröpfchen auf die Erde herab.«

»Sterbe ich jetzt?«, fragte die kleine Wolke.

»Warte ab und sieh zu, was passiert. Konzentriere dich nur auf das, was in diesem Augenblick geschieht, und schau nicht in die Zukunft.«

Die kleine Wolke konzentrierte sich ganz fest. Sie spürte, wie sie immer schwerer wurde und immer tiefer auf die Erde herabsank. Langsam wurde sie weniger und weniger. Das Wasser floss nur so aus ihr heraus. Im gleichen Augenblick geschah etwas Seltsames. Sie fühlte: Sie war keine Wolke mehr, sie war zu Regen geworden. Sie schaute sich um. Überall auf der Erde lagen kleine Teilchen von ihr, die langsam in die Erde sickerten.

Plötzlich war es ganz dunkel geworden. Sie fühlte ihre Kräfte schwinden, während sie tiefer und tiefer in das Dunkel eindrang. Doch zugleich entstanden neue, unbekannte Kräfte in ihr. Von allen Seiten kam das Wasser geflossen und verband sich zu einem gewaltigen unterirdischen Strom. Es war immer noch dunkel, als sie in der Ferne ein kleines, helles Licht erkannte. Sehr schnell bewegte sie sich darauf zu. Das Licht wurde größer und heller und zog sie magisch an.

Mit einem Mal bemerkte sie, dass sie der Enge entkommen war. Sie floss in das Meer. Nein, sie floss nicht in das Meer, sie war jetzt das Meer, groß, tief und gewaltig. Eine solche Tiefe und Größe hatte die kleine Wolke in ihrem Leben noch nie gefühlt. Sie war ganz benommen von dieser Weite und Ruhe.

»Ich bin nicht tot«, flüsterte sie erleichtert, und mit dieser Gewissheit schlief sie friedlich ein.

Als sie erwachte, stand die Sonne schon hoch am Himmel und erwärmte ihre Oberfläche. Sie empfand dies als sehr angenehm. Noch während sie diesem Gefühl nachspürte, bemerkte sie, wie sie nach und nach aus dem Meer nach oben getragen wurde. Sie versuchte sich zu sehen, aber sie konnte nichts von sich entdecken.

»Ich habe keine Form mehr, aber ich bin trotzdem da«, fühlte sie. Langsam trug es sie immer höher und höher in den weiten Himmel hinauf. Dann schwanden ihr die Sinne.

Als sie wieder zu sich kam, war ihr, als hätte sie lange Zeit geschlafen. Sie rieb sich die Augen und blickte auf die Erde herab. Die Menschen aber, die von unten in den blauen Himmel hinaufsahen, erblickten eine kleine weiße Wolke. Sie trieb über den blauen Himmel und verbrachte die meiste Zeit des Tages damit, sich vom Wind treiben zu lassen. Manchmal spielte sie mit den anderen Wolken Fangen, das machte ihr großen Spaß. Aber ob sie das Spiel nun gewann oder verlor – ihre Freude war die gleiche.

Das Böse

Gegen Ende des vierten Zeitalters waren die dämonischen Kräfte so stark geworden, dass sie sich erneut erhoben und die Erde heimsuchten, um sie ins Chaos zu stürzen. Teufel, die längst als besiegt galten, waren in Menschengestalt wieder auferstanden. Allerorten trieben sie ihr Unwesen und niemand war in der Lage, sie daran zu hindern.

Sie waren sehr klug und schlüpften in die Gestalt großer Politiker, die behaupteten, sich um Staat und Volk zu sorgen, in Wahrheit aber nach Macht über Untergebene strebten. Andere traten als große Unternehmer auf, die vorgaben, anderen Arbeit zu verschaffen, dabei aber nur an ihre eigenen Vorteile dachten.

Hunger und Not nahmen immer stärker Besitz von der Welt. Viele Menschen wurden so arm, dass sie von der Hand in den Mund lebten. Sie wussten am Morgen nicht, ob sie am Abend etwas zu essen haben würden.

Die Reichen verdienten ihr Geld mit Dingen, die den Menschen angeblich helfen sollten, doch sie zerstörten mehr, als sie Nutzen brachten. Die Welt wurde mehr und mehr mit Abfall, Habgier und niedrigen Gedanken vergiftet. Das einst so schöne Land veränderte sich. Wilde Stürme erhoben sich und jagten über die Kontinente, große Trockenheit fiel über vormals fruchtbares Land, das Meer türmte sich zu wütenden Wellenbergen und vernichtete ganze Städte. Tausende kamen dabei zu Tode. Doch die vermeintlich Großen dieser Welt kümmerte das nicht. Im Grunde war ihnen überhaupt nicht klar, was sie taten, weil ihnen nicht bewusst war, was das Böse ist.

»Das hat nichts mit uns zu tun«, sagten sie.

Mutter Erde aber stöhnte unter der Last der Menschen und wurde von Tag zu Tag trauriger.

»Mein Leib ist so zerschunden, dass ich es nicht mehr lange ertragen kann. Ihr guten Mächte, rettet mich!«, flehte sie. »Kommt und helft mir, ehe ich gänzlich vernichtet werde!«

Da erbarmte sich der Herr des Universums und sprach zu ihr: »Sorge dich nicht, gute Erde. Ich kann dir helfen, denn ich bin im Inneren eines jeden verborgen. Ich werde meine Kräfte bündeln und mich in die Form eines kleinen Mädchens verwandeln. So wird niemand wissen, wer ich wirklich bin.« Und so geschah es.

Als gewöhnlicher Mensch wurde Raga von einer einfachen Frau in diese Welt hineingeboren und wuchs unter den Menschen auf. Sie lebte als Hirtenmädchen in den Weiten Indiens am Ufer des heiligen Flusses Horu und hütete den Tag über die Rinderherden ihres Vaters. Wenn sie nachmittags ins Dorf zurückkam, tollte sie mit den anderen Kindern auf den Feldern herum.

Eines Tages setzte sich Raga erschöpft vom Spielen am nahen Flussufer nieder und ließ ihre Füße im klaren, tiefblauen Wasser baumeln. Da vernahm sie plötzlich die Stimme des sprudelnden Flusses:

»Höre Raga, was ich dir sage. Aus den Wassern des Ozeans bin ich gestiegen und habe mich hier in der ruhigen Ausbuchtung des Flusses niedergelassen.«

Erschrocken sprang Raga auf.

»Wer bist du?«

»Du brauchst keine Angst vor mir zu haben. Ich bin dein Freund und Beschützer. Du siehst, diese Welt ist dem Untergang nahe. Du bist die einzige, die sie retten kann.«

»Ich?«

»Ja, nur du kannst das tun.«

»Und wie soll ich das machen?«

»Wenn du die Welt retten willst, musst du zuerst dich selbst retten. Tauche ein in meinen allwissenden Urgrund. Das befreit dich für immer von deinem Ich, das dir ständig Grenzen setzt und dich die Einheit mit dem Ewigen vergessen lässt. Wisse: So wie die Welle nicht verschieden ist vom Ozean, bist auch du nicht verschieden von dem Allumfassenden, dessen innerste Natur die Liebe und das Mitgefühl ist.«

Raga wurde nachdenklich.

»Höre mir zu«, sprach der Fluss mit leiser Stimme. »Die meisten Menschen leben nur an der Oberfläche ihres Lebens. Daher machen sie vieles falsch. Das, was du hier vor deinen Augen siehst, dasselbe fließt auch in dir und in allen Menschen. Sie meinen, es gäbe nur dieses gewöhnliche, flache Bewusstsein, mit dem sie immer denken. Deswegen haben sie ihre eigene Tiefe vergessen.«

Seltsam gefärbte Wolken erschienen am Himmel und zogen hoch über die staunende Raga hinweg. Noch einmal stellte sie die Frage.

»Wer bist du?«

»Ich bin deine eigene Tiefe. Auf meinem Grund liegen unzählbare Schätze, doch die Menschen können diese Schätze nicht mit ihrem Verstand bergen. Deshalb versuchen sie, den Reichtum auf der Welt da oben zu finden. Dabei vernichten sie die Erde mit allem, was darauf lebt. Du hast doch bemerkt, dass immer weniger Regen fällt und die Felder immer trockener wurden. Du siehst doch die Risse auf der nackten Erde, wo früher saftiges Gras stand. Verstehst du nicht das Klagen der Rinder, wenn sie hungrig nach Hause kommen?«

»Ja, natürlich fällt mir das auf, und es tut meinem Herzen weh«, erwiderte Raga traurig.

»So höre, Raga, auf meine Worte! Klettere auf den Baum neben dir und spring in die Tiefe. Hier liegt der Schlangenkönig verborgen, der das Böse bewacht, damit die Menschen nicht erkennen können, was sie tun. Du musst den Schlangenkönig kennen lernen, um die Welt und dich selbst zu retten. Dann kannst du den anderen Menschen davon erzählen und ihnen helfen.«

»Aber ich habe Angst«, sagte Raga.

»Das verstehe ich. Doch es muss getan werden. Ich weiß, du hast den Mut, einen Tod zu sterben, der dir und der Welt das Leben bringt. Beeile dich, ehe es zu spät ist!«

Raga dachte kurz nach, nahm all ihren Mut zusammen, kletterte auf den Baum und sprang in die Tiefe. Ihr Sprung erschütterte das Universum. Das aufspritzende Wasser verwandelte sich in rote Flammen und setzte das Ufer in Brand. Raga selbst blieb dabei völlig unversehrt. Tief und tiefer tauchte sie hinab, und als sie die Augen wieder öffnete, erblickte sie unzählige zuckende Schlangenleiber, die sich sogleich auf sie stürzten und sie schier zu ersticken drohten. Mit Kräften, von denen sie bislang nie etwas geahnt hatte, stemmte sie sich gegen die sich windenden Leiber. Doch was sie dann erblickte, ließ sie erschaudern. Ein gewaltiger Schlangenkopf, größer als sie selbst, erhob sich vor ihr, funkelte sie aus roten Augen drohend an und versuchte, sie aus seinem gifttriefenden Maul anzuspeien: Es war der Schlangenkönig!

Raga war kurz davor, die Besinnung zu verlieren. Wie sollte sie diesen furchteinflößenden Gegner besiegen? Es half alles nichts, nun gab es kein Zurück mehr. Allein ihr Mut konnte ihr weiterhelfen.

Sie nahm all ihre Kräfte zusammen und befreite sich mit einem durchdringenden Schrei von den Schlangen. Dann stieß sie sich ab, sprang mit einem großen Satz auf den Kopf des riesigen Untiers und trat mit aller Kraft zu. Im gleichen Augenblick senkte der Schlangenkönig sein Haupt, so dass Raga hinunterglitt und vor ihm zu stehen kam. Wie staunte sie, als das mächtige Haupt sich vor ihr verneigte und zu ihr sprach:

»Halt ein! Habe Mitleid mit mir! Wenn du mich tötest, tötest du dich selbst.«

Raga wich erstaunt einen Schritt zurück.

»Das, was du hier vor deinen Augen siehst, bist du selbst! Du bist in deine eigene Tiefe gesprungen und erkennst jetzt, was in deinem Inneren schlummert. Ich bin nichts anderes als das Ungezähmte deiner eigenen Natur. Du kannst diese Welt nur retten, wenn du dich selbst rettest. Alles Böse, das du um dich herum wahrnimmst, ist nur wie ein Spiegelbild deiner selbst.«

Raga sah ihn misstrauisch an.

»Ich glaube dir nicht«, sagte sie. »Du versuchst nur, dein Leben zu retten. Ich werde dich töten müssen, denn du bist eine Gefahr für diese Welt.«

Da ertönte eine Stimme, die alles durchdrang.

»Raga!«, rief es in die Tiefe hinunter. »Erinnere dich, wer du wirklich bist! Du bist die Mitte des Universums, Schöpfer und Zerstörer dieser Welt zugleich. Habe Mitleid mit den Wesen dieser Welt! Entfalte deine unbegrenzte Macht und mache dir den Schlangenkönig, der dich eben noch mit deinem eigenen Gift töten wollte, untertan!«

Da durchfuhr Raga die Erkenntnis über ihr eigenes Sein wie ein gewaltiger innerer Blitz und sie erinnerte sich ihres wahren Wesens. Alle Not wich aus ihrem Herzen, ihr Geist wurde ruhig und ihr Körper war von Stärke erfüllt. Ein sanftes Lächeln glitt über ihr Gesicht. Sie erkannte, dass sie bisher in ihrem Leben Gut und Böse nur als zwei sich bekämpfende Seiten angesehen hatte.

»Hab Erbarmen mit mir!«, flehte der Schlangenkönig. »Nur weil ich das Gift in mir habe, habe ich so gehandelt. Es ist meine Natur.

Doch jetzt hast du meine Macht gebrochen. Wenn du mich leben lässt, wird sich all meine zerstörerische Kraft in Weisheit verwandeln. Verschone mein Leben und sage mir, was ich für dich tun soll.«

»Von heute an sollst du nicht länger unerkannt in den Tiefen des Flusses wohnen«, erwiderte Raga. »Komm mit deinem Gefolge an die Oberfläche dieser Erde und zeige allen Menschen dein wahres Gesicht, damit sie sehen, wer du wirklich bist. Dann will ich dich für immer verschonen. Ich werde dir einen gebührenden Raum in den Herzen der Menschen geben. Und wenn sie ihre eigene Tiefe ergründen, werden auch sie dich erkennen.«

Der Schlangenkönig tat, wie ihm geheißen, und lebte von jenem Tage an deutlich sichtbar auf der Erde. Seitdem erkannten immer mehr Menschen in ihren Herzen, dass es ohne Schatten kein Licht und ohne das Böse nicht das Gute geben kann.

Vom selben Tage an erholte sich Mutter Erde allmählich. Raga aber zog sich in die Unendlichkeit des Universums zurück und betrachtete mit großer Freude, wie immer mehr Menschen ihr Innerstes erkannten und die Welt in einem neuen Licht erstrahlen ließen.

Die zwei Einsiedler

Auf einem einsamen Berg lebten einmal zwei Einsiedler. Der eine war alt und weise, der andere noch jung an Jahren und unerfahren. Tag für Tag saßen sie viele Stunden lang mit verschränkten Beinen unter einem Felsvorsprung und meditierten.

Pedro, der jüngere, hatte sich vom Trubel des Lebens abgewandt, weil er tief in seinem Inneren gefühlt hatte, dass es im Leben noch mehr geben müsse, als das, was er im grauen Alltag wahrnahm. Darum war er zu dem Alten gegangen, um von ihm zu lernen. Oft sprachen beide tagelang nicht miteinander, so sehr waren sie in die Erkundung ihrer Innenwelt vertieft.

So vergingen viele Wochen. Eines Tages, als die beiden friedlich und stumm in Meditation versunken nebeneinander saßen, rief Pedro plötzlich aus: »Ich weiß jetzt, wer ich bin!«

Überrascht blickte der Alte auf. »Und wer bist du?«

»Ich bin das Licht!«

Das Gesicht des Alten erstrahlte.

»Du hast recht«, bestätigte er, »du bist das Licht.«

Pedro war überglücklich, denn er hatte entdeckt, was viele Menschen auf dieser Welt ihr Leben lang suchen.

»Doch dein Weg ist noch lange nicht zu Ende«, fuhr der Alte fort. »Meditiere weiter!«

Pedro verstand nicht, was der Alte meinte, doch sein Vertrauen war so groß, dass er den Ratschlag seines Lehrers befolgte. Er sammelte sich und setzte seine Meditation fort. Bald aber wich die große Freude über seine Erkenntnis einer inneren Unruhe, die immer mehr zunahm. Tage später brach es aus ihm heraus.

»Nun, ich weiß jetzt, wer ich bin, aber kann ich das auch sein?«

Der Alte schwieg. Nach einer langen Pause sagte er: »Du meinst, du willst das sein, was du schon immer warst?«

»Ja«, sprach Pedro. »Es ist doch ein großer Unterschied, ob ich nur weiß, wer ich bin, oder ob ich das auch wirklich bin! Ich würde es gerne erleben und spüren, wie es ist, Licht zu sein!«

»Aber du bist doch Licht!«, entgegnete der Alte und lächelte vielsagend.

Pedro jedoch bohrte weiter. »Ja, aber ich möchte wissen, wie es sich anfühlt, wirklich Licht zu sein.«

Der Alte runzelte die Stirn. Sein Gesicht wurde ernst.

»Was hast du?«, fragte Pedro, der dies bemerkt hatte.

»Nun«, sagte der Alte, »es gibt nichts anderes als Licht, als das, was du bist. Deshalb wird es schwierig für dich sein, zu werden, was du immer schon warst.«

Er blickte zu Boden und suchte nach Worten.

»Es gibt nichts, das nicht so ist wie du«, sagte er schließlich langsam, jedes Wort bedächtig abwägend.

Pedro sah ihn verwirrt an.

»Schau, ich kann es dir nur anhand eines Bildes erklären. Stell dir vor, du bist wie der Schein einer Kerze. Neben dir gibt es noch viele Millionen Kerzen, die genauso hell leuchten wie du und gemeinsam die Sonne bilden. Wenn du fehlen würdest, wäre die Sonne nicht mehr die Sonne, denn ihr Licht könnte nicht mehr so hell strahlen. Es ist also kein Unterschied zwischen dir und der Sonne, verstehst du das?«

Pedro schwieg betroffen.

Der Alte fuhr fort: »Die große Frage ist also: Wie kannst du herausfinden, dass du Licht bist, wenn du selbst Licht bist und gleichzeitig von Licht umgeben bist?«

Pedro sah ihn fragend an. »Du bist schon so alt und erfahren. Du musst es doch wissen!«

Der Alte lächelte. »Obwohl du erkannt hast, dass du Licht bist, kannst du nicht erkennen, dass du von Licht umgeben bist. Also begib dich in die Dunkelheit.«

»In die Dunkelheit? Was meinst du damit?«, fragte Pedro.

»Die Dunkelheit ist das, was du nicht bist.«

»Werde ich Angst davor haben?«, fragte Pedro.

»Es gibt nichts, wovor du dich fürchten müsstest, es sei denn, du willst es. Angst ist etwas, das wir Menschen selbst erschaffen.«

Pedro nickte, wenn er auch nicht alles genau verstand.

»Oft muss eben erst das Gegenteil von dem erscheinen, was man erfahren will. Das ist eine große Gnade, weil es uns hilft, obwohl es zunächst nicht danach aussieht. Du kannst die Gesundheit nicht ohne Krankheit erkennen, nicht oben ohne unten, nicht warm ohne kalt. Gehe hinaus in die Welt und erfahre die Dunkelheit! Aber balle nicht die Fäuste und erhebe nicht die Stimme, die Dunkelheit zu verwünschen, wenn sie dich traurig machen sollte. Sei vielmehr selbst ein strahlendes Licht in der Dunkelheit, anstatt dich gegen sie aufzulehnen. Nur wenn du dich ganz der Dunkelheit anvertraust, wirst du wissen, wer du wirklich bist!«

Pedro war sehr still geworden, während er den Worten seines Lehrers lauschte.

Mit gedämpfter Stimme fuhr der Alte fort: »Denke immer daran: Alle Wesen, die dir begegnen, sind wie du ein Licht. Und wenn sie dir etwas Schreckliches antun, dann vergib ihnen, so schwer es dir auch fallen mag. Vergiss nie, wer du wirklich bist! Denke stets daran, dass alle Menschen, die dir in deinem Leben begegnen, Engel sind, mögen sie sich oft auch wie kleine Teufel verhalten. Manchmal ist eben auch im Himmel die Hölle los.«

»Das werde ich bestimmt!«, rief Pedro, »ich werde mich immer daran erinnern!«

Dann hielt er plötzlich inne. »Und was ist, wenn ich vergessen habe, wer ich bin?«

»Dann brauchst du jemanden, der in dein Leben tritt und dich daran erinnert, wer du wirklich bist.«

Pedro nickte nachdenklich. »Ich danke dir für deinen Rat und dafür, dass ich nun erfahren darf, wer ich wirklich bin.«

Mit diesen Worten verabschiedete er sich von dem Alten. Er verließ den Wald und stürzte sich ins Leben.

Immer aber, wenn ihm jemand etwas Böses antat oder wenn er traurig war, erinnerte er sich an die Worte, die ihm sein Freund und Lehrer mit auf den Weg gegeben hatte: »Nur in der Dunkelheit ist es möglich, dich selbst als Licht zu erfahren!« ❋

Der Wurm und die Amsel

Es war einmal ein kleiner, neugieriger Wurm mit Namen Hubert, der tief unter der Erde lebte. Ob es Tag oder Nacht war, ob es regnete, schneite oder die Sonne schien, wusste er nicht, denn er lebte sein behäbiges Wurmleben in der Dunkelheit, wie es gewöhnliche Würmer nun einmal tun. Sein Leben bestand darin, sich durch Erde, Laub und Abfall zu fressen und zu verdauen.

Eines Tages, als er wieder einmal leise schmatzend in seiner Röhre lag, stieg wie aus heiterem Himmel eine tiefe Traurigkeit in ihm auf. Ihm wurde klar: Sein gesamtes Leben bestand nur aus Essen, Atmen, Schlafen und gelegentlichen Schwätzchen mit anderen Würmern. Sollte dies das Glück sein? Seltsame Gedanken waren das, die ihm da durch den Kopf gingen. Warum lag er hier und kaute? Seine Kiefer hörten auf zu mahlen. Doch dann schüttelte er sich und sagte laut »Unsinn!«, wie um sich davon zu überzeugen, dass sich solches Denken für einen Wurm nicht gehöre.

Manchmal unterhielt sich Hubert mit anderen Würmern. Die träumten davon, wenigstens einmal in ihrem Leben an die Oberfläche zu kommen, um zu sehen, was dort zu finden wäre. Sie erzählten ihm Geschichten, dass es noch eine andere Welt geben müsse, eine Welt, in der sie nichts mehr einengen oder bedrücken würde. Hubert hörte aufmerksam zu, denn solche Gedanken hatte auch er schon des öfteren gehabt. Etwas in ihm begann sich zu regen, doch er konnte es nicht in Worte fassen. So vergingen die nächsten Monate.

Als Hubert eines Tages wieder einmal auf einen solchen Träumer-Wurm traf, bat er ihn: »Wenn du herausgefunden hast, was dort oben ist, komm doch bitte zurück und sag es mir!« Der Träumer versprach es, aber Hubert sah ihn nie wieder. Hubert wurde älter, doch er vergaß ihn nicht. Noch oft begegnete er solchen Träumern, aber keiner von ihnen kam jemals zurück.

Eines Tages hatte Hubert mächtigen Hunger und er beschloss, es sei an der Zeit, einmal selbst nachzusehen, was dort oben wohl sein mochte. »Heute ist es so weit: Ich werde mich nach oben durchfressen«, dachte er, »und ich werde nicht aufgeben. Auf keinen Fall!«

Entschlossen arbeitete er sich Stück für Stück an die Oberfläche. Bissen um Bissen kämpfte er sich vorwärts, bis er müde wurde. Er wollte schon aufgeben, da schnappte plötzlich sein Maul ins Leere. Was war geschehen? Da war kein Abfall mehr, nur noch Licht! Hubert hielt erschrocken inne. Es dauerte eine geraume Weile, bis sich seine fast blinden Augen an die Helligkeit gewöhnt hatten. Dann schob er seinen langen Leib vorsichtig aus dem winzigen Loch heraus.

Atemlos lag Hubert auf der Erde, die ihn bislang immer umgeben hatte. Um ihn herum gähnte ein endlos leerer Raum, der nur von Licht erfüllt zu sein schien. Hubert war fassungslos. Nie zuvor hatte er ein solches Gefühl der Leere erlebt, ja, er hätte es sich unmöglich vorstellen können. Nun aber wurde ihm mit einem Mal klar: Sein ganzes Leben lang war er eingeengt gewesen. Zum ersten Mal spürte er, wie sich die Wärme der Sonne langsam auf seinem nackten Körper ausbreitete. Er seufzte vor Wohlgefühl und bewegte sich nicht.

»Jetzt weiß ich, warum die Träumer nicht zurückgekommen sind«, dachte er, »es gefällt ihnen einfach zu gut hier oben an der frischen Luft!«

Noch ehe er den Gedanken zu Ende gedacht hatte, schwebte ein großer Schatten neben ihm nieder. Neugierig betrachtete Hubert den großen, gelben Schnabel und die schwarz glänzenden Federn. Hubert hatte ein solches Tier in seinem Leben noch nie gesehen.

»Wer bist du?«, fragte er das unbekannte Wesen.

»Ich heiße Lori und bin eine Amsel«, antwortete es und hüpfte aufgeregt um Hubert herum.

»Und warum bist du so unruhig?«, fragte Hubert.

»Ich freue mich, dass ich dich gefunden habe, mein Magen knurrt fürchterlich. Den ganzen Tag habe ich noch nichts Essbares gefunden und jetzt, wie durch ein Wunder, liegst du plötzlich vor mir. Das ist wirklich eine große Überraschung.«

Hubert sah sie verständnislos aus seinen kleinen Augen an.

»Weißt du, am liebsten fresse ich Würmer«, sprach die Amsel weiter. »Ihr seid ja so dumm! So dumm und neugierig! Ihr bleibt nicht unter der Erde, wo ihr sicher seid, sondern kommt ständig an die Oberfläche.«

Die Amsel lachte laut auf und Hubert erschrak. Langsam verstand er, was die Amsel meinte und warum keiner der Träumer-Würmer jemals zurückgekommen war. Er wusste, dass er der flinken Amsel nicht würde entkommen können, sie war viel schneller als er. Was konnte er da schon ausrichten? Doch wie aus dem Nichts hatte er plötzlich eine Idee.

»Du kannst mich gerne fressen«, sagte er schicksalsergeben, »aber zuvor musst du mir noch eine Frage beantworten.«

»Gut, gut, frag nur zu«, sagte die Amsel, »aber mach schnell, denn ich habe großen Hunger.«

Hubert legte seinen geringelten Körper zur Seite und blickte hinauf in die großen, schwarz glänzenden Augen über dem leicht geöffneten Schnabel. »Du kannst mich doch ganz genau sehen«, begann Hubert mit leiser Stimme zu sprechen.

»Natürlich«, antwortete die Amsel. »Ich habe ausgesprochen gute Augen. Ich sehe jeden Wurm.«

»Das ist gut«, erwiderte Hubert und schloss die Augen. »Dann ist es doch für dich bestimmt ein Leichtes zu sehen, wo bei mir vorne und hinten ist.«

Die Amsel war so verblüfft, dass ihr der Schnabel offen stand. Aufgeregt hüpfte sie um Hubert herum, um ihn von allen Seiten zu betrachten, doch so genau sie auch hinsah, sie fand keine Antwort auf seine Frage.

Ihr seltsames Gebaren erregte die Aufmerksamkeit einiger anderer Amseln, die ganz in der Nähe auf einem Baum saßen. Neugierig kamen sie herbeigeflogen und ließen sich im Kreis um Hubert nieder. Hubert betrachtete sie todesmutig.

»Was ist los?«, schwatzten die Amseln. »Warum frisst du ihn nicht?«

»Schscht«, erwiderte Lori, »ich muss nachdenken.«

»Sie denkt nach, sie denkt nach!«, kreischten die Amseln. Offenbar waren sie darüber sehr erstaunt. »Worüber denkst du denn nach?«

»Ich überlege gerade, wo bei diesem Wurm vorne und hinten ist.«

»Das ist doch ganz einfach«, keckerte eine Amsel, die mit ihrem Schnabel auf den Körper von Hubert deutete. »Hier ist vorne und da ist hinten!«

»Dummerchen!«, sagte eine andere. »Da ist vorne und hier ist hinten!«

Immer mehr Amseln kamen herbeigeflogen und fielen in das Gezeter ein. Lori indes wurde immer stiller. Sie beobachtete, wie sich unter den Amseln zwei Parteien bildeten, die miteinander stritten.

»Halt!«, rief sie plötzlich.

Alle schwiegen und sahen sie verdutzt an.

»Seht ihr nicht, dass wir es hier mit einem ganz außergewöhnlichen Wurm zu tun haben?«

»Außergewöhnlich?«, kreischte eine Amsel und lachte laut auf.

»Alle Würmer sind dumm!«, schrie eine zweite. »Sie können überhaupt nicht denken! Ich glaube, sie haben überhaupt kein Hirn, und wenn, dann ist es so klein, dass man es kaum sehen kann.«

»Aber es schmeckt ausgesprochen gut«, entgegnete eine andere Amsel.

»Überhaupt hat ein Wurm gar keinen Wert«, schrie eine weitere.

»Außer vielleicht den, dass wir ihn fressen«, mischte sich wieder eine andere ein.

»Gut«, sagte Lori. »Ihr habt nun alle eure Meinung gesagt. Fragen wir doch einmal den Wurm, welchen Wert er für die Gesellschaft hat.«

Hubert lag still da. Bedächtig begann er: »Ich habe keinen Wert. Ich bin einfach da. Ich fresse mich unter der Erde durch den Abfall hindurch und an meinem hinteren Ende kommt gute Erde heraus. Das ist alles. Je mehr Abfall, desto mehr gute Erde.«

»Du machst aus Abfall gute Erde?«, fragte eine der Amseln erstaunt.

»Ja«, sagte Hubert leise. »Ich weiß nicht, ob jemand Nutzen daraus zieht. Es ist auch nicht wichtig für mich. Ich handle einfach so, weil das meine Natur ist.«

Die Amseln, die Hubert umkreisten, wurden nachdenklich.

»Aber welchen Wert haben dann wir?«, fragte Lori und blickte in die Runde.

Keine der Amseln wusste eine Antwort. Sie saßen nur kleinlaut da und schwiegen. Alle Blicke waren jetzt auf Hubert gerichtet.

»Ihr könnt gut singen«, antwortete Hubert nach einer Weile. »Ich höre euch jeden Tag tief unter der Erde. Es ist wirklich ein wunderschönes Konzert.«

Erstaunt blickte Lori auf.

»Und ihr könnt fliegen, wohin ihr wollt. Seid ihr euch dessen überhaupt bewusst? Ihr seid völlig frei! Aber was macht ihr mit eurer Freiheit? Könnt ihr euch darüber freuen? Stattdessen sitzt ihr hier herum und zankt euch. Seid doch einfach ihr selbst, statt darüber zu streiten, welchen Wert ihr habt! Eure Natur ist es vielleicht nur, zu fliegen, zu singen und zu fressen. Warum tut ihr es nicht? Denkt nicht über euer Leben nach, lebt es!«

Da packte Lori plötzlich den Wurm und schluckte ihn mit einem Satz hinunter. Alle Amseln sahen sie bestürzt an.

»Warum hast du das getan?«, fragten sie schockiert.

»Es ist meine Natur«, erwiderte Lori und flog auf den Wipfel einer nahe stehenden Birke. Dort saß sie, bis es dunkel wurde. Sie sang ihr schönstes Lied und alle anderen Amseln hörten ihr andächtig zu. Auch Hubert. Er fühlte sich in der Dunkelheit wieder ganz wie zu Hause.

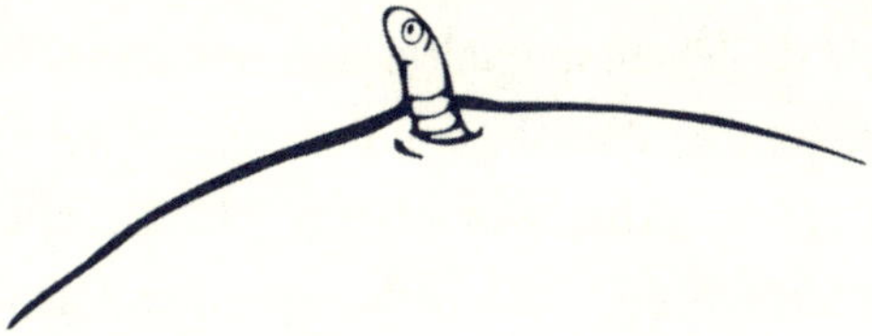

JA und NEIN

Es war einmal vor vielen, vielen Zeitaltern, da kamen zwei seltsame Wesen in die eisige Welt. Sie hatten weder Form noch Gestalt, daher waren sie nicht zu sehen. Ja, man hätte eine Wolke leichter fangen können als diese beiden. Es gab einige wenige, die vor diesem eigentümlichen Paar warnten, doch die meisten Menschen hörten ihnen nicht zu. Sie glaubten, die zwei beherrschen zu können, und wurden doch von ihnen beherrscht.

Das seltsame Paar hieß JA und NEIN. NEIN war groß und feist, war immer gegen alles und konnte nichts so nehmen, wie es war. Oft war es aggressiv und schrie seinen Namen laut hinaus. JA dagegen war ganz anders. Es war zustimmend, nickte häufig und lenkte manchmal sogar ein, wenn zwei Meinungen aufeinander prallten. Aber es verführte auch manche Menschen dazu, ja zu sagen, selbst wenn es nicht richtig war. Oder es stellte ihnen eine Falle, indem es ihnen einredete, sie müssten alles nur positiv sehen, dann wäre es gut so. Auch JA konnte oft sehr hinterlistig sein.

JA und NEIN waren unzertrennlich. Wo NEIN lebte, da musste auch JA leben, und umgekehrt. Das war den beiden oft sehr unangenehm. Sie konnten in ihrer Gegensätzlichkeit nur gemeinsam leben oder gemeinsam untergehen. Und wer will schon sterben?

Eines Tages beschlossen sie, sich auf die Suche nach jemandem zu machen, der zu ihnen passen würde. Bald hatten sie zwei gefunden, die sie liebten und mit denen sie sich gut verstanden. Der Grund lag darin, dass diese beiden immer ihrer Meinung waren. Sie ergänzten sich wunderbar. JA heiratete RICHTIG und NEIN heiratete FALSCH. So lebten sie fortan recht zufrieden. Einzig die Erfüllung des Wunsches, Kinder zu bekommen, fehlte noch zu ihrem Glück.

An einem schönen, aber sehr kalten Tag streiften die vier durch die Welt auf der Suche nach Ablenkung. Als sie von der eisigen Welt genug gesehen hatten, beschlossen sie, sich im Kopf eines Menschen niederzulassen.

Da war es schön warm und gemütlich. Und plötzlich geschah etwas Wunderbares und Unfassbares: JA und RICHTIG, NEIN und FALSCH bekamen Kinder!

Zunächst waren sie winzig klein und sehr schüchtern, deshalb hießen sie ICH WEISS NICHT. Die ICH-WEISS-NICHT-Kinder mussten viel lernen, bevor auch aus ihnen erwachsene JA und NEIN, RICHTIG und FALSCH werden konnten. Manch einer von ihnen war lange in der Schule, weil er nicht gelernt hatte, ja oder nein zu sagen. Diese Kleinen wurden oft von den anderen verspottet. »Du kannst dich gar nicht entscheiden«, sagten sie. »Du wirst nie erwachsen so wie wir!«

Ihre Eltern brauchten gar nichts zu tun, sie mussten sich nur im Kopf eines Menschen aufhalten. Dieser Kopf sorgte ganz von selbst dafür, dass sie sich vermehrten und viele Kinder bekamen. Ihre Kinder waren ganz wie sie. Und weil die Menschen oft gegensätzlicher Meinung waren, besetzten die neuen JA und RICHTIG, NEIN und FALSCH nach und nach die Köpfe aller Menschen. Sie gelangten ganz einfach durch deren Ohren hinein und setzten sich fest. Und weil die Menschen so viel dachten und redeten, entstanden ständig weitere Kinder.

Das größte Vergnügen von JA und NEIN bestand darin, sich durch sämtliche Gehirnwindungen der Menschen zu fressen. Weil aber die NEIN so fett waren, mussten sie sich dabei oft sehr anstrengen. Die Menschen klagten dann über heftige Kopfschmerzen und gingen zum Arzt oder schluckten Tabletten. Andere konnten nächtelang nicht schlafen, weil JA und NEIN keine Ruhe gaben. JA und NEIN aber lachten nur darüber, denn so lange sie Ideen und Gedanken in den Köpfen fanden, ging es ihnen bestens. Und an Gedanken herrschte wahrlich kein Mangel.

So entstanden auf der Welt, die sich erwärmte, allmählich mehr und mehr dieser unsichtbaren Wesen. Die Menschen bemerkten nicht, dass sie von ihnen beherrscht wurden, ja, sie waren sogar stolz darauf, weil sie jetzt endlich denken konnten, und manch einer beleidigte den anderen mit dem Ausspruch: »Du kannst nicht einmal richtig logisch denken!«

Bald gab es Menschen, die nur noch Macht und Reichtum im Sinn hatten, und die Welt um sie herum sollte allein ihren Zielen dienen. JA und NEIN, RICHTIG und FALSCH ging es dabei in den Köpfen ausgesprochen gut und sie verursachten viel Unheil. Sie fühlten sich als die wahren Herrscher der Welt. Und das waren sie tatsächlich.

Der Einfluss von JA und NEIN auf die Menschen war jetzt so groß, dass mancher, der »Nein« zu jemand anderem sagte, deswegen getötet wurde. Es kam dadurch sogar zu Kriegen, weil besonders mächtige Menschen oder Völker ihre Meinungen mit Gewalt durchsetzen wollten.

Doch eines Tages geschah im Leben der JA und NEIN etwas sehr Seltsames. Sie besetzten zufällig den kahl rasierten Kopf eines Mannes mittleren Alters. Der war in gelbe Gewänder gehüllt und saß unter einem Baum. Sein Name war Ahddub. Als sie versuchten, sich durch seine Gehirnwindungen zu fressen, blieben sie ständig stecken und kamen nicht weiter. Das war etwas völlig Neues für sie. Ahddub wollte sie offenbar nicht haben.

»Hier ist jemand, der uns nicht will!«, schrien sie wütend.

»Richtig, richtig!«, riefen alle RICHTIG.

Zum ersten Mal waren sich alle einig und sie beschlossen, Ahddub den Kampf anzusagen. Ein NEIN ersann schließlich als erstes eine List.

»Seid alle ruhig und hört mir zu«, sagte er mit leiser, schadenfroher Stimme. »Er will uns nicht. Das ist die große Chance für alle NEIN!«

Die NEIN grölten vor Begeisterung und fraßen sich in Windeseile durch sämtliche Gehirngänge von Ahddub. Dort vermehrten sie sich in kürzester Zeit.

Ahddub jedoch erkannte sehr schnell, was geschehen war, und lenkte seine Aufmerksamkeit ganz auf sein Ein- und Ausatmen. Im gleichen Augenblick wurde es wieder still in seinem Geist.

Die NEIN aber fanden im selben Moment nichts mehr zu fressen. Es blieb ihnen keine andere Wahl, als sich enttäuscht aus seinem Kopf zurückzuziehen.

Ahddub dachte einen winzigen Augenblick nach, um zu begreifen, was geschehen war.

»Es war richtig, was ich gemacht habe«, dachte er. »Jetzt habe ich wieder Ruhe.«

Noch ehe er den Gedanken zu Ende gebracht hatte, stürzten sich alle RICHTIG in seinen Kopf, in der sicheren Gewissheit, sich seiner Gedanken bemächtigen zu können. Doch sie bekamen keinen Bissen hinunter. Nicht, dass Ahddub nichts mehr gedacht hätte, nur – seine Gedanken waren völlig unverdaulich!

»Was ist geschehen?«, fragten sie, doch niemand wusste eine Antwort.

Dann lauschten sie aufmerksam, was im Kopf dieses seltsamen Menschen vor sich ging. Ahddub konzentrierte sich jetzt nur auf ein einziges Wort! Doch dieses Wort hieß nicht »ja« oder »nein«, »richtig«

oder »falsch«. Es ergab überhaupt keinen Sinn! Es war ein vollkommen sinnloses Wort und niemand unter ihnen hatte es jemals gehört. Es war das Wort »Mu«.

»Ist das ein Zauberwort?«, fragten sie sich.

Rasch beriefen sie eine Versammlung ein und überlegten, was zu tun wäre.

»Wir müssen ihn besetzen«, rief einer.

»Vielleicht können wir ihn verwirren«, meinte ein anderer.

»Es muss doch einen Weg geben!«

Aber niemand wusste eine Lösung.

»Wir sollten abwarten, bis wir eine Lücke finden«, sprach ein RICHTIG, das schon viel Erfahrung mit den Menschen hatte. »Irgendwann wird er schon nachlassen.«

Diese Idee fanden alle ganz ausgezeichnet und so setzten sie sich nieder und warteten. Viele Stunden vergingen und mit der Zeit wurden sie sehr müde. Manch einer von ihnen begann, leise zu schnarchen. Jaaaarrrch, neinrrrrch, rrrrichchchtig, faaalschrrrch tönte es leise. Plötzlich hob ein JA den Kopf. War das möglich? Alle Gehirnwindungen waren wieder frei!

»Jaaaaa!«, schrie es aus Leibeskräften.

Im Nu waren alle wach.

»Was ist geschehen?«

»Es ist wieder Platz für uns!«, schrie JA. »Auf zum Angriff!«

Sogleich stürzten sich alle in den Kopf von Ahddub. Aber statt des gewohnten Bildes von wimmelnden Gedanken herrschte weite Leere. Selbst die dicken NEIN hatten keine Mühe mehr voranzukommen, doch ihre gefräßigen Mäuler schnappten ins Leere.

»W-w-wir finden ja gar keine Nahrung mehr!«, stammelte ein JA, und seine Stimme zitterte vor Angst.

»Wir können zwar hier bleiben, aber wir werden verhungern!«, rief ein NEIN voller Entsetzen.

»Wir müssen weg hier!«, schrie ein RICHTIG aufgeregt.

»Wir werden uns ein anderes Opfer suchen müssen«, sprach ein FALSCH mit gedämpfter Stimme.

Nur die ICH-WEISS-NICHT-Kinder waren ganz still.

»Was ist los mit euch?«, fragte ein RICHTIG.

»Uns geht es gut«, sagte ein ICH WEISS NICHT. »Wir fühlen uns hier ganz wohl.«

Langsam erhob sich Ahddub unter dem Baum. Es war bereits Morgen geworden. Er ging auf Wanderschaft und begann den Menschen zu predigen.

Seit dieser Zeit fanden die JA und NEIN immer weniger Nahrung in den Köpfen der Menschen. Ob sie wohl eines Tages verhungern werden?

Auf dem Weg ins Paradies

Hoch oben in den italienischen Alpen lebte einmal ein kleiner Junge mit Namen Miro, der tagein, tagaus die Ziegen eines reichen Bauern hütete. Miro fühlte sich nie einsam da oben auf seinem Berg, und wenn er sich ins weiche Gras legte und die vorüberziehenden Wolken betrachtete, ließ er seinen Gedanken gerne freien Lauf und malte sich aus, wie es wohl im Paradies sein würde.

Eines Tages, als er ganz in das Betrachten der Wolken, die am Himmel zogen, versunken war, hörte er die hellen Glocken der kleinen Dorfkirche unten im Tal läuten. »Heute ist Sonntag«, dachte er. »Die Ziegen liegen ruhig im warmen Gras und spitzen die Ohren. Alles ist friedlich. Eigentlich könnte ich heute einmal hinunter ins Tal gehen und den Gottesdienst besuchen.«

Gesagt, getan. Mit flinken Schritten lief Miro ins Tal hinunter und als er bei der Kirche ankam, hatte der Gottesdienst schon begonnen.

Der Dorfpfarrer stand auf der Kanzel und hielt gerade die Predigt. Miro hörte aufmerksam zu, denn der Pfarrer sprach über das Paradies. »Wie kommt man ins Paradies?«, fragte der Pfarrer. Darüber hatte Miro schon oft nachgedacht. Der Pfarrer fügte noch hinzu, dass der Weg dorthin steil und voller Dornen sei. »Ihr müsst nur ein anständiges und gutes Leben führen, dann kommt ihr nach euerem Tod ganz sicher dorthin!«

Miro wartete das Ende des Gottesdienstes nicht ab, sondern machte sich sogleich wieder an den Aufstieg, denn er wollte seine Ziegen nicht länger als nötig alleine lassen. Während er den steilen Berg wieder hinaufstieg, dachte er sich: »Es ist doch eigentlich schade, dass man warten muss, bis man gestorben ist, um endlich ins Paradies zu kommen. Warum kann ich das nicht gleich tun? Der Pfarrer hat gesagt, dass der Weg ins Paradies steil und voller Dornen sei.«

Da kam ihm plötzlich etwas in den Sinn und er erinnerte sich. »Den Weg dorthin kenne ich! Ich bin doch früher schon einmal von der Alm weiter den Berg hinaufgestiegen und der Weg zum Gipfel war sehr steil. Ich habe mir an den Dornen meine Füße zerkratzt.« Sein Atem stockte.

»Ich kenne den Weg ins Paradies!«, brach es aus ihm heraus.

Seine Freude darüber war so groß, dass er fröhlich zu singen begann.

Auf der Alm angekommen, die etwa auf halber Höhe des Berges lag, band er die Ziegen los und führte sie hinunter zum Bauernhof. Es war inzwischen schon Abend geworden, als er im kleinen Dorf unten ankam. Miro brachte die Ziegen in den Stall und betrat dann die niedrige Stube. Hier saß gerade der Bauer mit seiner Frau beim Abendessen.

»Du musst von nun an deine Ziegen selbst hüten, denn ich gehe jetzt ins Paradies«, sagte Miro.

Verwundert hob der Bauer den Kopf. »Bist du verrückt geworden?«

»Nein«, entgegnete Miro, »ich kenne den Weg ganz genau!«

Mit diesen Worten ließ er den verdutzt dreinblickenden Bauern und seine Frau allein.

Am nächsten Morgen brach Miro in aller Frühe auf. Sein Weg führte ihn den Berg hinauf, höher und höher, bis schließlich das Gras nur noch spärlich wuchs und die Dornen der niedrigen Sträucher seine Beine zerkratzten.

»Ich bin auf dem richtigen Weg«, dachte er bei sich und setzte vorsichtig ein Bein vor das andere. Sie waren bereits ganz zerschunden und blutverschmiert, als er ein kleines Hochplateau erreichte. Vor Anstrengung schlug sein Herz bis zum Halse und so setzte er sich erst einmal auf einen großen Stein und aß das Brot, das er mitgenommen hatte. Er sah sich um – keine Spur vom Paradies. Ob ihn der Pfarrer angelogen hatte?

An einem kühlen Gebirgsbächlein stillte er seinen Durst und machte sich entschlossen wieder auf den Weg.

»Ich werde es finden, koste es, was es wolle!«, dachte er.

Etwas weiter oben sah er ein einsames Holzkreuz stehen. Miro ging schnurstracks darauf zu. Am Kreuz hing ein Mann. Miro sah ihm in die Augen und fragte ihn: »Weißt du, wie weit es noch ist bis ins Paradies?«

Der Mann am Kreuz gab keine Antwort.

»Mein Gott«, dachte sich Miro, als er den Gekreuzigten aus der Nähe betrachtete, »der ist noch viel mehr zerkratzt und zerschunden als ich, und das am ganzen Körper. Der wollte sicher auch ins Paradies.«

Wie er so weiterging, kam er an ein einsames Kloster, das sich hoch oben an den Felsen schmiegte. Miro kletterte hinauf, klopfte an die Pforte und wartete. Von innen hörte er schlurfende Schritte. Ein alter Mönch öffnete die schwere Holztür und blickte erstaunt auf den kleinen Jungen nieder. »Wie kommst du denn hierher?«, fragte er freundlich.

»Ich will ins Paradies. Ist das Paradies hier?«

»Nein«, entgegnete der alte Mönch und betrachtete den kleinen Wanderer, der ein solch wunderliches Ziel hatte. »Aber komm nur herein, ich will auch dorthin. Stärke dich erst einmal, dann sehen wir weiter.«

Miro erinnerte sich an den Mann am Kreuz. Sicher hatte der auch Hunger. »Ich komme gleich wieder!«, rief er und eilte zurück.

»Komm mit«, sagte er zu dem Gekreuzigten. »Da oben ist ein Kloster, dort bekommen wir etwas zu essen. Du bist doch sicher auch hungrig!«

Da stieg der Mann vom Kreuz herab und ging mit Miro ins Kloster. Im großen, dunklen Speisesaal brannten nur wenige Kerzen. Der Gekreuzigte setzte sich neben den Jungen und Miro schob ihm die besten Bissen zu. »Nun iss erst einmal tüchtig, damit wir morgen genug Kraft haben, das Paradies zu finden.«

Die Mönche wunderten sich, als sie Miro so reden hörten. »Mit wem spricht er?«, tuschelten sie untereinander, denn sie konnten den Mann nicht sehen, der bei Miro am Tisch saß.

»So, und jetzt gehen wir ins Bett. Komm mit! Du bist bestimmt müde. Und morgen gehen wir ins Paradies!«

Miro verabschiedete sich von den verwunderten Mönchen und legte sich in das Bett, das ihm zugewiesen wurde.

Als die Mönche Miro am nächsten Morgen aufwecken wollten, sahen sie, dass sein Bett leer war. Sie suchten im ganzen Kloster nach dem kleinen Jungen, aber sie konnten ihn nicht finden.

»Vielleicht hat er ja das Paradies gefunden?«, sagte der älteste der Mönche und lächelte ahnungsvoll.

Der Fluss

Die Geburt geschah auf einem hohen Berg. Es war nicht leicht zwischen all den harten Felsbrocken, als die kleine Quelle das Licht der Welt erblickte. Ein kleines Rinnsal noch, bewegte sie sich zunächst kaum in ihrem kleinen Bettchen. Doch schon nach wenigen Lebenstagen bahnte sie sich ihren Weg durch das Geröll und sprudelte munter den Berg hinunter.

Im Tal angekommen, war sie bereits zu einem kleinen Bächlein geworden, das unbeschwert mit den Steinen spielte, bis diese irgendwo liegen blieben. Es war ein fröhliches Bächlein, klar und durchscheinend bis auf den Grund. Oft plauderte es mit den Vögeln, die über es hinwegflogen oder sich an sein Ufer setzten, um aus ihm zu trinken. Tage und Wochen vergingen in dieser unbeschwerten Heiterkeit, und allmählich wurde das Bächlein zu einem großen und mächtig dahinfließenden Fluss – es war jetzt erwachsen.

Eines Morgens erwachte der Fluss und erschrak zutiefst. Als er sich umsah, stellte er fest, dass die Menschen ihn begradigt und zwischen Betonwänden eingeschlossen hatten. Er fühlte sich eingeengt und seiner Freiheit beraubt. Es war ihm unmöglich, anders als zwischen diesen Wänden dahinzufließen. Da wurde er sehr traurig und glitt nur noch grau und matt dahin. Selbst der Himmel weinte, als er sein Elend sah. Tagelang regnete es in Strömen.

Mit dem Regen aber begann der Fluss anzuschwellen. Schon bald spürte er neue Kräfte in sich und seine Traurigkeit verflog. Nicht lange, und er hatte sich aus den engen Betonwänden befreit.

»Ich habe die Menschen besiegt«, dachte er, »schaut nur, wie groß und stark ich bin!« Kraftvoll wälzte er sich hin und her.

»Die Welt gehört mir!«, sagte er triumphierend zu sich. »Ich kann haben, was ich will!«

Erschrocken flogen die Vögel auf, als der Fluss über seine Ufer trat, das Land überschwemmte und alles, was ihm in den Weg kam, mit sich fortriss. Was auf seiner Oberfläche trieb, zog er in wilden Strudeln in sich hinein. Er war sehr stolz auf seine gewaltige Kraft. Schon bald aber musste er erfahren, dass ihm alles wieder genommen wurde. So sehr er sich auch dagegen wehrte – er musste alles, was er verschlungen hatte, wieder freigeben. Selbst die größten Bäume, die er mit sich fortgerissen hatte, kamen wenig später wieder zum Vorschein.

Nach einigen Tagen jedoch geschah etwas, das sein Leben von Grund auf veränderte. In einem dicht von Menschen besiedelten Gebiet bemerkte er, wie von allen Seiten fauliges Abwasser in ihn hineinfloss. Er wurde schlammig und braun und begann gewaltig zu stinken. Da schmolz sein Hochmut dahin und mit diesem auch seine Selbstsucht. Die Heiterkeit und Unbeschwertheit seiner Jugend waren nur noch ferne Erinnerungen.

So begann er, über sein Leben nachzudenken, vor allem aber darüber, wie er den Schmutz loswerden könne. So trübe war er nun, dass er nicht mehr auf seinen Grund schauen konnte. Mit aller Gewalt stemmte er sich gegen das Flussbett, um langsamer zu fließen, damit der Schmutz in ihm sich setzen könne. Doch er wurde den Schlamm nicht los. Ein anderes Mal versuchte er, schneller zu fließen, und schleuderte sein Wasser mit all dem Unrat darin hoch zum Himmel. Doch auch das half nichts. Bald ließen seine Kräfte nach und er trieb nur noch müde und resigniert dahin. Er schämte sich seiner Hässlichkeit.

»Ich werde mich umbringen«, beschloss er und stürzte sich in die

Tiefe eines Wasserfalls. Doch unten angekommen stellte er fest, dass sein Leben nicht zu Ende war. Traurig schlich er hinaus aus den Städten und schob sich müde durch die Landschaft.

Wie er so unglücklich dahinglitt, kam er an einem großen Berg entlang, der hoch an seiner Seite aufragte. Der Berg blickte auf ihn herab und fragte ihn, warum er denn so niedergeschlagen sei.

»Ach, mein Leben ist mir zur Qual geworden«, sagte der Fluss. »Schau mich an! Ich bin schmutzig und stinke, und was ich auch tue, nichts kann ich daran ändern. Das Leben ist so ungerecht. Du hingegen hast es gut. Du bist groß und gewaltig. Ich aber bin im Vergleich zu dir klein und unscheinbar. Du schaust majestätisch auf die Welt herab, und selbst wenn Wolken über dich hinwegziehen, kann dich nichts aus der Ruhe bringen.«

Nachdenklich blickte der Berg auf den Fluss herab. Nach einer langen Weile sagte er: »Sei nicht traurig. Das Schmutzige, das du in dir siehst, das bist nicht du. Deine eigentliche Natur ist klar und rein. Da ist kein Schmutz. Nur wenn du glaubst, du wärest dies, leidest du.«

»Aber was kann ich dann tun?«, fragte der Fluss.

»Deine Bestimmung ist es zu fließen«, antwortete der Berg. »Also fließe einfach und lass dich von dem Schmutz nicht ablenken.«

Der Fluss hörte aufmerksam zu, und während er sich weiter und weiter von dem Berg entfernte, klangen dessen Worte in ihm nach. Je länger er darüber nachdachte, desto wohler fühlte er sich.

»Ich bin ich und der Schmutz ist der Schmutz. Er ist in mir, aber er ist nicht ich!«

Von nun an konnte er den Schmutz in sich annehmen. Er konzentrierte sich jetzt ganz auf die Bewegung seines Fließens.

Dabei nahm er nur noch die Bewegung wahr, auch wenn er manchmal den Eindruck hatte, als bewege er sich gar nicht. Er ruhte ganz in sich, bis er sich am Ende selbst darin vergessen hatte und nicht mehr wusste, wer er war.

In dieser Selbstvergessenheit war jedoch vieles anders als früher. Die Glocke der Kirche, die gerade sechs Uhr schlug, erklang kristallklar, und er erfreute sich an den Kindern, die in ihm badeten. Die ganze Welt schien wie verwandelt, wie verzaubert. Und während er sein neues Leben klarer und deutlicher wahrnahm, bemerkte er kaum, wie der Unrat in ihm weniger wurde. Er hatte einfach aufgehört, dagegen anzukämpfen. Und wenn er manchmal in sich hineinblickte und noch Reste von Schmutz wahrnahm, konnte er darüber nur lächeln. Schließlich blitzte eine Erkenntnis in ihm auf.

»Es gehört einfach zu mir, so wie die Dunkelheit zum Licht. Ich darf so sein, wie ich bin!«

Wochen und Monate vergingen. Die Schönheit des Flusses fiel jetzt sogar den Menschen auf, die an seinem Ufer saßen und auf ihn blickten.

»Schau, wie viel Kraft der Fluss hat!«, sagte ein Kind zu seiner Mutter. »So stark möchte ich auch einmal werden.«

Ohne es recht zu bemerken, strömte der Fluss schließlich ins Meer hinein, das sich vor ihm auftat. Er fühlte eine ungeheuere Weite in sich und eine Tiefe, die alles Vorstellungsvermögen überstieg. Er konnte sich selbst nicht mehr finden, aber er wusste, dass er nicht allein war. Alle Flüsse, die sich ins Meer ergossen, verbanden sich mit ihm auf geheimnisvolle Weise. Er war außerstande zu sagen, was er fühlte. Nur ein großes Staunen blieb und eine Freude, die tausendfach größer war als alles Leid, das er je erfahren hatte.

Vergänglichkeit

Es war einmal ein junger Mann namens Elias. Zusammen mit seiner kranken Mutter lebte er in einem kleinen Dorf in der Nähe eines großen Waldes. Er besaß ein kleines Geschäft, in dem er Waschmittel, Brot, Butter und einiges andere verkaufte. Doch das wenige, das er verdiente, reichte kaum zum Leben. Seine Mutter war alt und schwach geworden und hatte wohl nicht mehr lange zu leben.

Eines Tages ging Elias in den Wald, um Brennholz für den Winter zu sammeln. Da entdeckte er im Unterholz den Eingang zu einer Höhle. Neugierig geworden, bog er die Zweige, die den Eingang versperrten, beiseite und warf einen Blick in das Dunkel. Soweit er sehen konnte, führte ein Weg in die Höhle hinein. Unsicher blieb er stehen.

Über ihm standen zwei kaum sichtbare Wolken am Himmel.

»Schau«, sagte die erste, »er hat den Weg entdeckt. Lass uns sehen, ob er sich weiter in die Dunkelheit hineintraut.«

»Vielleicht ist dies die Höhle eines Bären«, fuhr es im gleichen Augenblick Elias durch den Kopf. »Es ist besser, wenn ich erst nach Hause gehe, um mir eine Kerze zu besorgen.« So machte er sich auf den Heimweg.

»Das wagen nur wenige«, sagte die zweite Wolke, »sieh nur, er geht wieder fort.«

Zu Hause angekommen, fand Elias seine Mutter im Bett liegend. Sie war bleich wie das Bettlaken.

»Ich sterbe, Elias«, sagte die Mutter mit schwacher Stimme und blickte ihn mit matten Augen an. »Aber vorher will ich dir einen Rat geben: Befolge in deinem Leben immer das, wohin dein Herz dich zieht, und tu das ganz!«

Bei diesen Worten wich das Blut aus ihren Lippen. Mit einem letzten Seufzer sank sie zurück und verschied.

»Mutter«, rief Elias, »lass mich nicht alleine zurück, ich brauche dich doch!«

Aber es war zu spät. Unter Tränen trug er seine Mutter zu Grabe. Der letzte Satz jedoch, den sie ihm auf ihrem Sterbebett mitgegeben hatte, ging ihm nicht aus dem Kopf.

»Was meinte sie wohl damit: wohin mein Herz mich zieht?«

Tage später ging er erneut in den Wald, um Brennholz zu sammeln. Da erinnerte er sich an die Höhle und ging zu ihrem Eingang. Während er seinen Holzkorb mit dem Reisig absetzte, sah er, dass die Zweige davor unversehrt waren. Das machte ihm Mut. Entschlossen betrat er die Höhle. Kein Laut war zu hören. Als sich seine Augen an die Dunkelheit gewöhnt hatten, bemerkte er in einiger Entfernung einen schwachen Lichtschein. Vorsichtig ging er weiter. Da vernahm er eine feine Stimme: »Ich warte auf dich!«

Hatte er richtig gehört?

»Wer ist da?«, rief er in die Dunkelheit hinein, doch niemand antwortete.

»Sicher habe ich mich geirrt«, dachte er und ging weiter.

Das flackernde Licht zog ihn magisch an. Als er es erreicht hatte, sah er eine kleine Öllampe auf dem Boden stehen. Vorsichtig kniete er nieder und betrachtete sie aufmerksam. Nichts Außergewöhnliches war daran zu erkennen, es war eine Öllampe wie viele, und doch ging ein seltsamer Glanz von ihr aus.

»So lange habe ich auf dich gewartet«, hörte er sie sagen.

Überrascht sah der junge Mann die Lampe an.

»Wer bist du?«

»Ich bin das Licht, das dir den Weg zeigt.«

»Welchen Weg meinst du?«, fragte der junge Mann.

»Es ist der Weg, das Verlorene wiederzufinden.«

»Das Verlorene?«

»Du hast es in deiner Kindheit gehabt, doch je älter du geworden bist, desto weiter hast du dich von ihm entfernt. Bist du glücklich?«

»Nein, meine Mutter ist gerade gestorben, das macht mich sehr traurig.«

»Dann geh dort hin, wo es keinen Tod gibt.«

»Keinen Tod?«

»Ja, folge mir in die Dunkelheit und du wirst das Land entdecken, in dem der Tod keine Macht mehr über dich hat.«

Die kleine Öllampe erhob sich und Elias folgte ihr.

Tiefer und tiefer führte der Weg in die Höhle hinein. Elias folgte dem kleinen, flackernden Licht, getrieben von der Hoffnung, das Land zu finden, in dem es keinen Tod gab. Nach drei Tagen erreichte er den Ausgang der Höhle und trat ins Freie. Als sich seine Augen wieder an das Licht gewöhnt hatten, blickte er sich um. Vor ihm erstrahlte eine Landschaft, die in die herrlichsten Farben getaucht war.

Über ihn hinweg zogen zwei einsame Wolken.

»Sieh nur«, sagte die kleinere von beiden, »er hat den Weg gefunden. Komm, wir wollen sehen, was er nun daraus macht!«

Elias sah sich um und bemerkte, dass die kleine Lampe verschwunden war. Eine junge Frau kam ihm entgegen und begrüßte ihn freundlich.

»Wo bin ich hier?«, fragte Elias.

»Du bist im Land der Unvergänglichkeit«, erwiderte die Frau und lächelte ihn an.

»Wie lange bist du schon hier?«

»Morgen werden es einhundertneunundsiebzig Jahre.«

»Aber du siehst noch so jung aus!«

»Das ist hier so. Wir verändern uns nicht mehr.«

Das Gesicht von Elias strahlte.

»Dann habe ich wirklich das Land gefunden, in dem es keinen Tod gibt?«

»Tod?«, fragte die junge Frau, »was meinst du damit?«

Erst jetzt bemerkte Elias, dass sich nicht die kleinste Falte in ihrem Gesicht abzeichnete. Doch er wollte ihre Frage jetzt nicht beantworten.

»Und was bedeutet es, im Land der Unvergänglichkeit zu sein?«, fragte Elias unsicher.

»Nun, hier verändert sich niemals etwas. Alles bleibt, wie es ist. Die Sonne scheint immer und es wird nie Nacht. Du hast ständig Hunger oder du bist ständig satt. Du bleibst einfach wie du bist, krank oder gesund, in dem Zustand eben, in dem du hier ankommst.«

»Aber ich bin traurig«, sagte Elias.

»Daran kann niemand etwas ändern«, entgegnete die Frau. »Du wirst es bleiben, solange du hier bist.«

Elias hörte ein leises Stöhnen aus einem Haus in der Nähe. »Was ist das?«, fragte er.

»Ach, das ist nur der alte Mann, der ständig Schmerzen hat. Du wirst dich daran gewöhnen.«

Ein kleines Kind kam vorbei, das laut mit sich selbst redete.

»Was ist mit dem Kind?«, fragte Elias.

»Dieses Kind wiederholt ständig den letzten Gedanken, den es hatte, bevor es hier ankam. Deshalb spricht es immer dieselben Worte.«

Elias wurde seltsam zumute. Welches Land hatte er da betreten?

»Kann denn niemand diesen Ort verlassen?«

»Es soll einen Weg zurück geben, aber jeder, der hier ist, hat ihn nach drei Tagen vergessen.«

Elias dankte der Frau und setzte sich ins Gras.

»Ich muss diesen Ort zu verlassen«, dachte er, »ehe es zu spät ist. Ich will wieder zurück!«

Entschlossen stand er auf und ging zurück in die Höhle. Kaum war er drei Schritte gegangen, schloss sich der Ausgang hinter ihm – nun gab es kein Zurück mehr.

Wieder war er drei lange Tage unterwegs. In der Dunkelheit jedoch spürte er, wie die Traurigkeit allmählich von ihm abfiel und einer leisen Heiterkeit Platz machte. Das kleine Licht brauchte er nicht mehr, denn sein eigenes Licht zeigte ihm den Weg.

Als er am Ende der Höhle angekommen war, sah er seinen Korb mit dem Brennholz davor stehen und eine unbeschreibliche Freude überwältigte ihn.

»Wenn ich auch arm bin, so weiß ich doch, dass das Leben nicht so bleibt, wie es jetzt ist«, dachte er und nahm den Holzkorb auf. Wieder zu Hause schürte er ein Feuer und hockte sich dicht davor. Er spürte, wie die Wärme in seinen Körper drang, und war zufrieden.

Hoch oben am Himmel aber sagte eine kleine Wolke zur anderen: »Siehst du, er hat es gefunden. Nun weiß er, was für ihn wichtig ist.« Dann verschwanden die beiden im Dunkel des endlosen Nachthimmels.

Elias aber erkannte, dass er zu jeder Zeit am rechten Ort war und dass er nur in der Vergänglichkeit erkennen konnte, wer er wirklich war. Und weil jetzt alles gut war, was ihm das Leben brachte, war auch der Tod kein Grund mehr zur Sorge.

Elias tat nur noch das, wohin sein Herz ihn zog. Die Jahre gingen ins Land und immer mehr Menschen kamen zu ihm, um ihn um Rat zu fragen, denn er war stets freundlich und half jedem gern. Er lebte in einer Welt der Augenblicke. Selbst im hohen Alter sammelte er noch im Wald sein Brennholz. Diese Freude ließ er sich nicht nehmen. Mit diesem tiefen Frieden im Herzen hatte Elias sein Land ohne Tod schließlich doch gefunden. ❈

Die perfekte Welt

Sarah war gestorben und entglitt sanft dieser Welt. Mit einem letzten Blick zurück sah sie, dass nicht viele zu ihrer Beerdigung gekommen waren. Sie wusste nicht, wohin die Reise ging, aber es war ihr nicht unangenehm, im Gegenteil. Sie fühlte sich ausgesprochen wohl. So hatte sie sich das nicht vorgestellt, nach allem, was man ihr auf der Erde über den Tod erzählt hatte. Sarah fühlte sich sehr lebendig, während sie in ferne Regionen getragen wurde.

Mit einem Mal stand sie vor einer weißen Tür. Sie wollte gerade anklopfen, als diese sich öffnete. Ein junger Mann, gekleidet in einen schneeweißen Anzug, begrüßte sie und bat sie höflich einzutreten. Unsicher betrat Sarah ein großes Foyer.

»Möchten Sie einen Begrüßungscocktail?«, fragte der junge Mann.

»Sehr gerne«, erwiderte Sarah.

»Nehmen Sie doch Platz!«

Sarah ließ sich in einem bequemen Sessel nieder und schaute sich um. In einiger Entfernung standen vier junge, gut aussehende Männer mit Sektgläsern in der Hand. Auch sie machten einen unsicheren Eindruck. Alles war sehr vornehm eingerichtet und doch war sie etwas irritiert. An den Wänden hingen Gemälde von Hitler, Stalin und Pol Pot. Der junge Kellner kam zurück und brachte ihren Cocktail.

»Genießen Sie den Aufenthalt bei uns. Wenn Sie Wünsche haben, wenden Sie sich einfach an mich. Ich werde alles tun, sie zu erfüllen.«

Sarah blickte ihm in die Augen.

»Ein sympathischer junger Mann«, dachte sie, »der könnte mir gefallen.«

Als wenn er ihre Gedanken gelesen hätte, erwiderte er mit sanfter

Stimme: »Ich erfülle wirklich alle Wünsche«, wobei er das Wort »alle« sehr betonte.

Sarah lächelte ihn an. Dabei sah sie ihm in die Augen.

»Ein wenig blass ist er vielleicht«, dachte sie. Und: Da war etwas, was ihr nicht gefiel. Doch sie grübelte nicht weiter darüber nach, sondern schlürfte genüsslich ihren Cocktail.

Als sie ausgetrunken hatte, stand sie auf und ging auf einen der jungen Männer zu.

»Sind Sie schon lange hier?«

Der junge Mann zeigte keinerlei Regung. Ja, es war, als hätte er die Frage gar nicht gehört. Sarah fragte ihn noch einmal, doch der junge Mann drehte sich einfach um und verließ den Raum.

»Was ist los? Versteht er meine Sprache nicht?«, dachte sie und versuchte ihr Glück beim nächsten. Doch auch hier kam keinerlei Reaktion. Der Mann im weißen Anzug stand hinter der Bar am Tresen und lächelte geheimnisvoll. Sarah ging zu ihm hinüber und fragte ihn, warum sich niemand mit ihr unterhalten wolle.

»Ach, wissen Sie«, sagte er, »jeder von ihnen lebt in seiner eigenen Welt und ist so sehr mit sich selbst beschäftigt, dass es ihm unmöglich ist, in Kontakt mit anderen zu treten. Aber lassen Sie sich davon nicht irritieren. Hier haben wir alles, was Sie möchten, Sie müssen es nur sagen.«

»Könnte ich vielleicht etwas zu Essen bekommen?«

»Kein Problem, folgen Sie mir.« Sarah wurde in einen großen Speiseraum geführt, wo die herrlichsten Gerichte standen.

»Hier steht Ihnen alles zur Verfügung, bedienen Sie sich. Sollten Sie noch Wünsche haben, lassen Sie es mich einfach wissen.« Diskret zog er sich zurück.

Sarah betrachtete lange die wunderbaren Speisen, bevor sie ihren

Teller füllte. Doch irgendwie bereitete ihr das Essen keinen Genuss. Nicht, dass es ihr nicht geschmeckt hätte, aber etwas, das sie nicht benennen konnte, fehlte. Ihr Blick schweifte in die Runde. Lustlos stocherten einige ältere Frauen in ihrem Essen herum.

»Anscheinend geht es ihnen wie mir«, dachte sie und legte Messer und Gabel zurück. Mit einem Mal kam sie sich sehr einsam vor.

»Kann ich etwas für Sie tun?«

Sarah schrak aus ihren Gedanken hoch. Wie aus dem Nichts stand der junge Mann neben ihr und sah sie an.

»Was würden Sie vorschlagen?«

»Versuchen Sie es doch einmal mit unserem Freizeitangebot. Wenn Sie Ihr Wissen erweitern möchten, gibt es da tolle Möglichkeiten. Sie könnten beispielsweise Sprachen lernen. Sie werden sehen, das funktioniert hier ganz einfach und geht sehr schnell.«

Sarah überlegte kurz und willigte dann ein. Der junge Mann führte sie in einen kleinen, dezent beleuchteten Raum, in dessen Mitte ein Computer stand.

»Nehmen Sie bitte Platz und wählen Sie eine Sprache aus, die Sie lernen möchten.«

Sarah tippte Englisch an. Diese Sprache hatte sie zwar bereits in ihrer Jugend in der Schule gelernt, aber nie richtig anwenden können. Sie öffnete das Programm und vertiefte sich in die Grammatik. Nach kurzer Zeit stellte sie fest, dass es ganz leicht war. Auch die Vokabeln waren im Nu in ihrem Kopf gespeichert. Alle Aufgaben konnte sie korrekt und fehlerfrei lösen. Am Bildschirm war zu lesen: »Sie sprechen jetzt perfekt Englisch. Wollen Sie eine neue Sprache lernen?« Sarah war überrascht. »Warum nicht?«, und schon klickte sie Japanisch an. Sie dachte, das sei bestimmt eine sehr schwierige Sprache und würde sicher länger dauern. Doch zu ihrer Überraschung beherrschte sie auch diese im Nu. Sie lernte daraufhin noch Russisch, Spanisch, Italienisch, Arabisch und sogar Hebräisch. Sie bemerkte, dass sie überhaupt nicht müde wurde. Nicht der leiseste Hauch von Erschöpfung war zu spüren.

Sarah stand auf. In ihrem Kopf schwirrte es von Wörtern, Redewendungen und grammatikalischen Regeln. Sie erinnerte sich, dass sie sich in ihrem früheren Leben manchmal auf der Couch ausgeruht hatte.

»Das wäre jetzt schön«, dachte sie, »obwohl ich eigentlich kein bisschen müde bin.«

Der junge Mann stand neben ihr.

»Sind Sie fertig?«, fragte er höflich, aber kühl.

»Ja, ich habe alle möglichen Sprachen gelernt,« erwiderte sie nicht ohne Stolz, »sogar Hebräisch. Ist das nicht toll?«

Sein spöttischer Blick taxierte sie.

»Wozu?«

Im selben Augenblick wurde ihr bewusst, dass sie keine dieser Sprachen anwenden konnte, denn außer dem jungen Mann gab es niemanden, der mit ihr sprach. Frustriert ließ Sarah den Kopf sinken.

»Ich würde mich jetzt gerne ein wenig ausruhen.«

»Sind Sie denn müde?«

»Nein«, antwortete sie.

»Warum also?«

»Es ist eine alte Gewohnheit. Früher habe ich das auch immer getan. Können Sie mir mein Zimmer zeigen?«

»Gerne«, sagte der junge Mann und führte sie einen langen Gang entlang. »Sie haben Zimmer 4.563.807.«

Höflich öffnete er ihr die Tür und Sarah trat ein. Das ganze Zimmer war weiß, die Wände, die Schränke, die Stühle, der Tisch, sogar die Bilder, die an den Wänden hingen. Alles in diesem Raum erschien ihr leblos und unpersönlich.

»Gibt es hier denn keine Couch oder ein Bett?«

»Nein«, sagte der junge Mann. »Sind Sie denn müde?«

»Nein, aber ich würde gerne einmal abschalten, um zur Ruhe zu kommen.«

»Ruhe? Ich kenne dieses Wort nicht. Was soll das sein?«

»Ruhe ist, wenn das Denken immer weniger wird, bis es am Ende ganz aufgehört hat.«

»Das verstehe ich nicht«, sagte der junge Mann. »Denken ist doch wichtig. Der Verstand ist alles! Aktiv sein, fit sein, intelligent sein, darum geht es! Wenn Sie wollen, zeige ich Ihnen gerne unseren Fitness-Raum.«

Sarah zögerte einen Augenblick, willigte dann aber ein.

»Unser Fitness-Raum ist der beste, den es in diesem Universum gibt. Sie haben hier alle Möglichkeiten. Suchen Sie sich einfach etwas aus. Gleich daneben befinden sich übrigens die Sauna und das Solarium. So bleiben Sie fit und dynamisch und werden zufrieden sein mit ihrem Äußeren.«

Mit diesen Worten ließ der junge Mann sie allein. Sarah begann ihren Körper zu trainieren, bis jeder einzelne Muskel perfekt ausgebildet war. Vor dem Spiegel konnte sie sehen, wie gut durchtrainiert und wohlproportioniert ihr Körper wurde. Als sie alle Geräte absolviert hatte, ging sie in die Sauna, dann ins Solarium. Anschließend betrachtete sie sich nackt vor dem Spiegel und erblickte einen Körper, wie er vollkommener nicht hätte sein können. Doch zugleich hatte sie das seltsame Gefühl, ihre Zeit vertan zu haben.

Sie sah sich um. Alles hier war perfekt, die Möglichkeiten schier unbegrenzt. Ihr Verstand hatte niemals zuvor so viel Wissen angesammelt und auch ihr Körper war so gesund und attraktiv wie noch nie. Es gab keinen Konflikt, jeder konnte tun, was er wollte, alle Wünsche wurden erfüllt. Es war so, wie sie sich als kleines Kind den Himmel vorgestellt hatte, abgesehen davon, dass niemand Halleluja sang.

»Ich lebe in einer perfekten Welt«, dachte sie, »aber warum kann ich es nicht genießen? Vielleicht wäre jetzt ein Computerspiel das Richtige.« Kaum war ihr der Gedanke gekommen, stand schon der junge Mann in Weiß neben ihr.

»Sie möchten ein Computerspiel spielen?«

Sarah wurde in einen Raum mit einer Großleinwand geführt. Sie setzte sich vor den Computer.

»Welches Spiel empfehlen Sie?«

»Das interessanteste und intelligenteste Action-Spiel, das wir haben, heißt Diabolo.«

Seine Stimme klang höflich, aber teilnahmslos.

Sarah setzte sich an den Computer und drückte eine Taste. Augenblicklich befand sie sich in einem Spiel, in dem es darum ging, Ungeheuer und Höllenwesen zu töten. Sarah vertiefte sich immer mehr in das Spiel und gewann Runde um Runde. Bald lagen ihre Nerven blank, doch sie konnte nicht mehr aufhören.

Der letzte Schwierigkeitsgrad hieß »Hölle«. Sarah startete das Spiel. Geschickt tötete sie jedes Höllenwesen, das ihr auf dem Bildschirm in den Weg trat, doch wie aus dem Nichts erschienen immer neue Unwesen, die sich auf sie stürzten und aus dem Hinterhalt heraus töteten. Sie begann das Spiel von Neuem und geriet immer mehr in Verzweiflung. Dabei bemerkte sie nicht, wie sich ihr Körper und ihr Aussehen veränderten. Ihr Gesicht fiel ein und wurde fahl, ihre Haut runzelig und alle Kraft wich aus ihrem Körper. Ihre mattrot glänzenden Augen traten weit hervor. Aber sie wollte das Spiel nicht beenden. Sie nahm ihre letzten Kräfte zusammen, um die Höllenwesen auf der Leinwand zu besiegen, doch mit jeder Niederlage zerfiel ihr Körper weiter. Sarah unterschied nicht mehr zwischen sich selbst und dem Spiel, so sehr war sie von dem Geschehen gefangen. Sie identifizierte sich vollkommen mit der kriegerischen Figur auf dem Bildschirm und litt unsägliche Qualen. Schließlich lehnte sie sich erschöpft zurück und gab auf.

»Warum kann ich nicht gewinnen?«, dachte sie.

»Gegen uns hat noch niemand gewonnen«, kam eine schneidende Antwort.

Sie blickte sich um und sah den jungen Mann lässig an die Wand gelehnt.

»Und was soll ein Spiel, bei dem man keine Chance hat?«, fuhr sie ihn wütend an. »Zur Hölle damit!«

Er lächelte kalt zurück.

»Was meinen Sie, wo Sie hier sind?«

Fridolin

Es war einmal ein warmer Sommertag. Der Himmel war blau und kleine, weiße Wolken zogen ohne Eile über den Himmel. Frisch duftete das Gras und Hummeln flogen träge von Blüte zu Blüte, um süßen Nektar zu schlürfen. Ein wenig tiefer schliefen einige kleine Raupen zwischen den Stängeln der Blumen.

Das Gebrumm der Hummeln hatte Fridolin geweckt, er rieb sich die Augen und räkelte sich auf dem warmen, weichen Boden. Gut gelaunt schaute er sich um. Neben ihm lagen seine Brüder und schnarchten, dass die Grashalme zitterten. Vorsichtig kroch er zu ihnen hinüber und kitzelte sie an ihrem dichten Fell.

»Lass uns schlafen, Fridolin. Wir sind noch müde!«

»Steht auf, ihr Faulpelze, es ist schon heller Tag!«, rief Fridolin voller Tatendrang.

Langsam öffneten sie ihre Augen und blinzelten schlaftrunken in das grelle Sonnenlicht.

»Kommt«, rief er, »wir wollen die Welt erkunden!«

»Die Welt erkunden?«, maulten sie. »Was meinst du damit? Wir haben doch hier alles, was wir brauchen! Essen, Trinken und viel Platz zum Spielen!«

»Nun kommt schon, ihr fresst euch doch den ganzen Tag nur voll und werdet immer dicker. Ihr könnt euch ja schon gar nicht mehr richtig bewegen! Fressen, fressen, immer nur fressen! Ihr fresst noch die ganze Welt auf, wenn ihr so weitermacht!«

Sie schauten ihn missmutig an.

»Hast du immer noch diese dumme Idee, dass es etwas anderes gibt als unsere wunderbare Wiese?«

Fridolin schaute sie nachdenklich an und seufzte. Wie oft schon hatte er sich gewünscht, wenigstens einer seiner Brüder ginge mit ihm zusammen hinaus in die Welt. Aber er würde sich wohl alleine auf den Weg machen müssen.

»Wenn ihr nicht mitkommt, gehe ich eben ohne euch«, sagte Fridolin spitz.

»Ja, ja, geh du nur! Und schreib uns, wenn du deine neue Welt gefunden hast!«, spöttelte einer seiner Brüder und alle lachten.

Fridolin schwieg. Er war traurig, dass er keinen dazu bewegen konnte, mit ihm zu gehen.

Schweren Herzens begab er sich also allein auf die Reise. Seine kleinen Beine trugen ihn über am Boden liegende Blätter und Halme, über taunasse Erde und Steine, die ihm den Weg versperrten. Hie und da knabberte er an einem Blatt, um seinen Hunger zu stillen. Als die Sonne unterging, sank er müde und erschöpft zu Boden, rollte sich zusammen und versuchte einzuschlafen.

Doch seine Gedanken ließen ihm keine Ruhe. »Habe ich das Richtige getan? Und was ist, wenn es wirklich nur eine fixe Idee von mir ist? Vielleicht gibt es diese andere Welt gar nicht, nach der ich mich so sehne!«

Plötzlich raschelte etwas vor ihm im Gras. Überrascht hob Fridolin den Kopf. Hatte er geträumt? Wieder hörte er das Geräusch.

»Hallo, ist da jemand?«, rief er schüchtern.

»Ja, ich!«, hörte er eine schwache Stimme antworten. Einige Grashalme weiter lag eine große, alte Raupe. Fridolin kroch eilig zu ihr hinüber.

»Was ist los mit dir?«

»Ich bin alt und krank und werde bald sterben.«

Erst jetzt sah Fridolin, dass die alte Raupe fast keine Haare mehr am Körper hatte und ihre nackte Haut mit dunkelbraunen Flecken übersät war. Entsetzt schrak er zurück.

»Du brauchst keine Angst vor mir zu haben«, sagte die Alte. »Mir ist nur kalt. Kannst du mir nicht ein Blatt bringen, womit ich mich zudecken kann? Ich friere ganz erbärmlich.«

Fridolin schaute sich um und entdeckte ein kleines, weiches Blatt. Es biss es ab und brachte es ihr.

»Danke, vielen Dank«, sagte die Alte und seufzte erleichtert. »Seit Tagen liege ich schon hier. Meine Beine tragen mich nicht mehr. Wo ich doch so viele davon habe! Aber sie sind zu schwach und jede Bewegung tut mir weh.«

Sie lächelte gequält.

Nach einer kleinen Pause fuhr sie fort: »Und was machst du hier?«

Fridolin setzte sich dicht neben sie.

»Ich habe meine Heimat verlassen und bin auf der Suche nach, nach – ach, ich weiß gar nicht genau, wonach. Aber irgendetwas sagt mir, dass es noch etwas anderes auf dieser Welt geben muss als immerzu fressen, schlafen und krabbeln.«

Die Alte schwieg. Fridolin störte ihr Schweigen nicht.

Nach einiger Zeit sagte sie: »Ich glaube, du hast Recht. Wenn ich jünger wäre, würde ich dich begleiten. Aber jetzt kann ich nicht mehr.«

Erschöpft hielt sie inne.

»Ich glaube, ich habe das Wichtigste in meinem Leben versäumt. Doch nun ist es zu spät, mein Leben geht zu Ende.«

Fridolin blickte in ihre sanften Augen. Die Alte meinte es ehrlich.

»Kannst du mir einen Rat geben?«, fragte Fridolin.

Unter großen Schmerzen drehte sich die Alte zur Seite und sah ihn lange schweigend an.

»Tun dir deine Beine weh?«

»Nein«, erwiderte Fridolin. »Wie kommst du darauf?«

»Dann genieße es! Als ich noch jung war, hatte ich genau wie du gesunde Beine, aber ich habe sie überhaupt nicht beachtet. Ich dachte, das sei selbstverständlich. Doch heute weiß ich, dass es nicht so ist. Es ist ein großes Geschenk, ohne Schmerzen gehen zu können.«

Wieder schwieg die Alte. Fridolin wurde nachdenklich. Langsam streckte er seine Beine aus und fühlte zum ersten Mal, dass sie nicht weh taten. Seine ganze Aufmerksamkeit war jetzt in diesem wunderbaren Spüren und eine nie gekannte Freude überwältigte ihn.

»Du musst weitergehen«, sagte die Alte. »Halte dich nicht auf mit mir. Geh deinen Weg! Ich bin sicher, du wirst finden, was du suchst.«

»Kann ich nicht noch etwas für dich tun?«, erkundigte sich Fridolin.

»Nein«, erwiderte sie. »Geh jetzt und verschwende keine Zeit mit mir. Ich komme schon zurecht.«

Vorsichtig brachte Fridolin noch ein kleines Blatt mit einem Wassertropfen darauf und legte es neben die Alte.

»Danke, ich wünsche dir alles Gute auf deinem Weg.« Sie lächelte ihm freundlich zu, dann drehte sie sich um und schlief erschöpft ein.

Fridolin betrachtete sie noch eine Weile, dann machte er sich, ermutigt von den Worten der Alten, wieder auf die Beine. Aber er ging jetzt anders: Er spürte sein Gehen, und in diesem Spüren verging die Zeit wie im Flug. Keine Spur mehr von Müdigkeit. Er merkte gar nicht, dass er die große Wiese bereits hinter sich gelassen hatte und ihn seine Beinchen über eine weite, sandige Fläche trugen.

Nach einiger Zeit erwachte er wie aus einem langen Schlaf. Ein Stück voraus lief eine große, gelb gestreifte Raupe unbekümmert vor sich hin. Plötzlich hörte er eine krächzende Vogelstimme. Wie angewurzelt blieb Fridolin stehen und machte sich ganz klein. Aus den Augenwinkeln heraus konnte er sehen, wie sich ein dunkler Schatten auf dem Boden niederließ und die Raupe von einem harten Schnabel gepackt wurde. Schon war sie verschwunden.

»Nur nicht bewegen«, dachte Fridolin.

Sein Herz pochte bis hinauf zum Hals. Neugierig schaute sich die Krähe um und ihr scharfer Blick fiel auf ihn. Er schloss die Augen. Sein Leben zog an ihm vorüber, seine Kindheit, die Spiele mit seinen Brüdern und alles, was er in seinem kurzen Raupenleben erlebt hatte.

Ein heftiger Windstoß ließ ihn wieder zu sich kommen. Als Fridolin vorsichtig die Augen öffnete, sah er die großen schwarzen Flügel, die sich in die Luft erhoben und seine Körperhaare zu Berge stehen ließen. Die Krähe war weggeflogen. Erst jetzt begann er am ganzen Körper zu zittern.

»Wie schnell kann das Leben vorüber sein«, dachte er. »So möchte ich nicht sterben.«

Langsam hob Fridolin den Kopf und schaute sich um. Ungeschützt lag er auf dem gelbbraunen Sandboden. Vor ihm breitete sich eine vertrocknetes Feld mit hohen Halmen aus.

»Schnell weg von hier, sonst geht es mir noch wie der gelben Raupe«, dachte Fridolin und eilte auf die schützende Wiese zu. Er war ganz außer Atem, als er endlich die ersten Halme erreichte. Erschöpft ließ er sich zurücksinken und ruhte sich aus. Winzige Schweißperlen bedeckten seinen Körper. Doch was war das? Der Stängel der Mohnblume, an den er sich gelehnt hatte, zitterte. Er schaute nach oben. Vier oder fünf Körperlängen über ihm hing etwas Weißes, Wolliges an einem Halm und bewegte sich. Fridolin konnte sich nicht erklären, was das sein sollte, aber ihm war, als hätte er schon einmal davon geträumt.

»Hallo!«, rief er hinauf.

Die Bewegung erstarrte. Ein kleiner Kopf kam aus dem weißen Etwas zum Vorschein und schaute fragend hinunter.

»Wer bist du?«, rief Fridolin hinauf.

»Ich bin wie du«, war die Antwort des unbekannten Wesens.

»Aber du siehst ganz anders aus, dein Körper ist gar nicht mehr zu sehen!«

»Ich spinne mich ein«, war die knappe Antwort.

»So ein Spinner«, dachte Fridolin und rief zu der Gestalt hinauf: »Du fesselst dich ja selbst und am Ende kannst du dich gar nicht mehr bewegen. Bist du verrückt?«

»Vielleicht!?«

Fridolin war verblüfft. Mit einer solchen Antwort hatte er nicht gerechnet.

»Du solltest mal zum Himmel schauen«, hörte er die Stimme aus dem weißen Etwas.

»Ich kenne nur die Erde und was darauf wächst«, erwiderte Fridolin. »Was meinst du denn damit?«

»Du kannst fliegen«, hörte er die Stimme sagen.

»Der spinnt wirklich«, dachte Fridolin. »Mein ganzes Leben verbringe ich doch auf der Erde! Was sollte es denn sonst noch geben?«

Doch er war jetzt neugierig geworden.

»Fliegen, was ist das?«

»Du breitest deine Flügel aus und erhebst dich über die Erde. Du bist nicht das, wofür du dich hältst. Du bist mehr. Und wenn ich es richtig sehe, bist du doch auf der Suche, oder nicht?«

Fridolin war erstaunt. Woher wusste der da oben das?

Als wenn das Etwas gehört hätte, was Fridolin dachte, kam auch schon die Antwort.

»Es gibt ein Wissen, das dein Verstand nicht kennt. Ich kann es dir nicht erklären, aber es ist so.«

Fridolin saß ganz still. Dann fragte er:

»Warst du auch auf der Suche?«

»Ja«, kam die Stimme von oben, »aber ich habe es immer nur auf der Erde gesucht. Mein Leben lang habe ich das Glück gesucht und nicht gefunden. Ich habe Vertrauen gesucht und wurde doch immer wieder enttäuscht. Ich habe die Liebe gesucht, aber ich stand mir immer selbst im Weg.«

Eine lange Pause trat ein.

Fridolin hob den Kopf und blickte hinauf.

»Hast du das Glück, das Vertrauen und die Liebe jetzt gefunden?«

»Ja«, kam die Stimme von oben.

»Und wie hast du das gemacht?«

»Ich habe mich in mich selbst zurückgezogen. Mach es einfach so: Bau dir einen Kokon, dann kommt alles andere von selbst!«

Fridolin konnte es sich nicht erklären, aber aus irgendeinem Grund hatte er Vertrauen in das, was er hörte.

»Kannst du mir dabei helfen?«

»Gerne«, kam die Stimme von oben. »Klettere zu mir herauf und setze dich neben mich.«

Vorsichtig kletterte Fridolin den widerborstigen Stängel der Mohnblume hinauf.

»Da bin ich«, sagte er.

»Das ist das Wichtigste: Da-Sein«, sagte der Spinner. »Bleibe in diesem Da-Sein und lass alles, was du erlebt hast, hinter dir. Und jetzt spinne dich ein und bleibe dabei ganz in dir!«

»Aber wenn ich mich so einspinne wie du, kann ich mich nicht mehr bewegen und werde sterben«, sagte Fridolin ängstlich.

»Du musst durch den Tod hindurchgehen«, hörte er leise die Stimme neben sich. »Du wirst sehen, dass nur das stirbt, was du ohnehin nicht brauchst. Finde heraus, wer du wirklich bist, und der Tod wird dich nicht mehr schrecken.«

Fridolin war wie benommen. Ohne es richtig wahrzunehmen, hatte er bereits begonnen, sich in einen langen, weißen Faden einzuwickeln, der wie von selbst aus ihm herauskam.

»Siehst du, es ist ganz einfach«, sagte die Stimme neben ihm. »Mach einfach weiter, und wenn du ganz in dir bist, wird es geschehen. Lass dann einfach alles los, was dich einengt. Nur wenn du es aufgibst, wirst du gewinnen.«

Je mehr Fridolin sich eingesponnen hatte, desto dumpfer klang die Stimme zu ihm durch, bis sie schließlich verstummte. Er war in Dunkelheit gehüllt, aber er hatte keine Angst. Ganz im Gegenteil: Er fühlte sich wohl, doch dieses Wohlsein nahm er nicht mit dem Kopf wahr, sondern mit dem Herzen. Mit einem Mal kam ihm alles sehr vertraut vor. Er hatte das Gefühl, endlich zu Hause angekommen zu sein. Die Sinne schwanden ihm, sein Körpergefühl fiel von ihm ab und sein Denken hatte aufgehört.

Die Veränderung fand fast unmerklich statt. Er wusste nicht, wie ihm geschah, er ließ es einfach geschehen, ohne darüber nachzudenken. Eines Tages zerriss der Kokon und Fridolin fühlte sich unendlich frei. Da war nichts mehr, was ihn noch eingeengt hätte.

»Ich bin nicht tot!«, jubelte er. »Ich lebe!«

Doch es war ein neuer Fridolin, der da hervorkam! Dieser neue Fridolin hatte Flügel und war strahlend schön.

Dann breitete er seine Flügel aus und erhob sich über seine alte Welt. Und er betrachtete die Wiese unter sich und sah, wie klein seine Sorgen gewesen waren. Er segelte über seine Brüder hinweg, die vollgefressen im Gras lagen und im Sonnenlicht dösten.

»Schaut her, kennt ihr mich noch?«, rief er ihnen zu, doch sie nahmen keine Notiz von dem bunten Falter, der da über sie hinwegflog. Es war, als hörten sie ihn nicht. Fridolin ließ sich auf einer Holunderblüte nieder und blickte hinunter.

»Sie wissen nicht, wer sie wirklich sind«, dachte er und spürte Wehmut in sich aufsteigen. »Aber eines Tages werden sie es herausfinden. Irgendwann werden auch sie sich fragen, ob diese Welt nicht mehr sein kann als ihre kleine Spielwiese.«

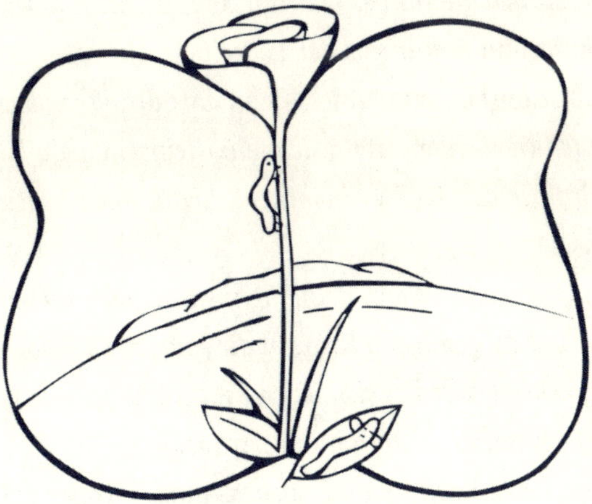

Das leere Schloss

In der Nacht, als sich Anna entschloss, lieber zu sterben als weiterhin in dieser Welt zu leben, hatte sie folgenden Traum:

Sie wohnte hoch oben in einem Turm. Von dort aus konnte sie das Meer sehen, dessen Wogen sie ängstigten, die vielen Schiffe, die das Meer befuhren, und das ferne Land, das den Horizont begrenzte. Anna erlebte in ihrem Turm einen Tag wie den anderen. Aufstehen, arbeiten, essen, schlafen.

Eines Tages blickte sie aus dem Fenster auf das Meer hinab und fragte sich: »So viele Tage lebe ich nun schon in diesem Turm, aber ist das wirklich Leben? Bin ich in diesem Turm nicht eher lebendig begraben? Warum bin ich so müde, fühle mich mehr tot als lebendig? Was hat das da draußen alles mit mir zu tun?«

Während sie noch grübelte, kam eine Taube und ließ sich auf dem Fenstersims nieder.

»Anna«, sprach die Taube, »warum gehst du nicht in jenes Land, das du seit Jahren immer nur aus der Ferne betrachtest?«

»Ich habe Angst«, sagte Anna, »denn dort draußen leben Riesen. Sie könnten mich vernichten, wenn sie mein Kleinsein nicht beachten. Und wie soll ich über das Wasser kommen? Seine vielen Untiefen machen mir Angst.«

Die Taube gurrte. »Wenn deine Sehnsucht nach diesem Land groß genug ist, wirst du genügend Kraft in dir spüren. Die Wogen, die du als so mächtig erlebst, werden sich legen und der Wind wird dir die Richtung weisen, wenn du dich ihm anvertraust.«

»Ich habe keine Kraft in mir«, sprach Anna. »Woher soll ich sie denn nehmen? Und warum sollte ich in dieses Land gehen?«

»Wenn du dich aufmachst, dieses Land zu durchqueren, wirst du eines Tages auf ein Schloss stoßen, in dem ein Schatz verborgen liegt. Er wird dich lehren, lebendig zu sein, und er wird dir zeigen, was es heißt, in Freiheit zu leben. Ist das nicht deine tiefste Sehnsucht, dein innigster Wunsch?«

»Ja«, seufzte Anna, »das ist wahr.« Und sie spürte wieder Hoffnung in sich. »Begleitest du mich?«

»Nein, Anna. Wenn du den Schatz finden willst, musst du dich allein auf den Weg machen. Ich weiß, du hast Angst davor. Aber nur so wirst du lernen, deiner eigenen Kraft zu vertrauen. Doch ich gebe dir zwei Dinge mit auf deinen Weg: Das eine ist der Rat, auf die Stimme deines Herzens zu achten. Lerne, auf sie zu hören, und handle danach. Sie ist leise, diese Stimme, sie drängt sich nicht auf, aber sie wird dir den richtigen Weg weisen.«

Die Taube zog ein kleines Stoffsäckchen unter ihrem Flügel hervor.

»Das andere ist dieses Beutelchen: Darin befinden sich kleine Samenkörner. Es sind dies Samen des Vertrauens. Sobald du sie anwendest, vermehren sie sich. Wirf eines auf jedes Hindernis, das sich dir in den Weg stellt, dann wirst du deine Angst überwinden. Nur wenn du mit dem Samenkorn des Vertrauens die Wege beschreitest, wirst du bis zu dem Schloss vordringen können. Und eines Tages wirst du erfahren, dass das Samenkorn des Vertrauens auch in deinem eigenen Herzen Wurzeln geschlagen hat.«

Die Taube legte den kleinen Stoffbeutel auf das Fensterbrett, breitete ihre Flügel aus und flog davon. Anna nahm ihn an sich und blickte der Taube verwundert nach. Hoffnungsvoll machte sie sich sogleich auf den Weg. Als sie aber am Rande des weiten Meeres stand, wurde ihr bange zumute. Was sollte sie tun? Wie würde sie über das Meer gelangen? Da erinnerte sich Anna an den Rat der Taube und warf ein

Körnchen in die Wellen.

»Geh nur zu, es soll dir nichts geschehen!«, hörte sie eine feine Stimme in ihrem Herzen wispern.

Zuerst schritt Anna ängstlich, bald aber schon entschlossenen Mutes über die Wogen und erreichte nach einer Weile das Land der Riesen. Vorsichtig tat sie Schritt um Schritt in die Richtung, die ihr das Herz leise eingab.

Plötzlich versperrte ihr ein grimmiger Riese den Weg.

»Wohin gehst du und wen suchst du?«, fragte er mit brummiger Stimme.

»Ich bin auf der Suche nach einem Schatz, der mich lehren wird zu leben«, antwortete Anna.

Der Riese grölte vor Lachen. »Ich habe noch nie von einem Schatz in unserem Land gehört! Aber wenn du meinst, lasse ich dich auf deinem Weg weitergehen. Du musst mir nur zuvor das Schlüsselwort deines Lebens sagen. Ist es richtig, so darfst du weiterziehen. Ist es falsch, musst du wieder umkehren.«

Anna überlegte verzweifelt. Was sollte sie nur antworten? Diese Frage hatte ihr noch niemand gestellt. In ihrer Not wandte sie den Blick zum Himmel. Da sah sie einen Vogel vorüberfliegen, und sogleich fiel ihr der Rat der Taube wieder ein: »Achte auf deine innere Stimme!«

Anna lauschte in sich hinein. Wie schwierig es doch war zu hören, was das Herz flüsterte. Was war das Schlüsselwort zu all dem, was in ihrem Leben geschah? Worin bestand die Botschaft ihres Lebens? Da brach es wie ein Blitz aus ihr hervor: »Ich bin, wie ich bin!«

Das grimmige Gesicht des Riesen leuchtete auf und ohne ein weiteres Wort gab er ihr den Weg frei.

Noch viele Male begegnete Anna Riesen auf ihrem Weg. Sie hausten in Gräbern, auf Mauern und auf Bergen. Und jedes Mal packte Anna die Angst von Neuem. »Ob es wohl die richtige Antwort ist: ›Ich bin, wie ich bin?‹« Doch mit jedem Tag wurde ihr Vertrauen größer, denn es war die richtige Antwort.

Den Wunsch, in ihren schützenden Turm zu flüchten, überwand sie, indem sie lernte, auf ihre innere Stimme zu lauschen. Und mit jedem Mal wuchs ihr Vertrauen in diesen Begleiter. Tag für Tag nahm Anna all ihren Mut zusammen und warf das Samenkorn des Vertrauens in jede Riesen-Behausung hinein, die ihr Angst machte.

Nach unzähligen Tagen der Wanderung erreichte sie schließlich das Schloss. Endlich war sie am Ziel ihrer Reise angekommen. Voller Freude eilte sie hinein. Jetzt galt es, schnell den Schatz zu bergen. Doch wie staunte Anna, als sie das Schloss betrat: Es war ganz leer! Nur eine Quelle plätscherte zwischen Marmorplatten hervor. Nichts wies darauf hin, dass hier ein Schatz verborgen sein könnte. Da wurde Anna klar, dass sie eine geraume Weile brauchen würde, um diesen Schatz zu finden, mochte sie ihm auch noch so nah sein.

Immer von Neuem befühlte sie die Wände, prüfte den Boden, spähte in jede Ritze, tastete in jede kleinste Spalte. Tag für Tag saß sie an der Quelle und lauschte auf das leise Rauschen. Mit der Zeit spürte Anna, dass durch die tägliche Suche in dem leeren Schloss etwas in ihr wuchs. Die Einfachheit des Schlosses, die Weite der Räume und eine heitere Stille senkten sich in ihr Herz.

Anna lernte, Geduld mit sich zu haben und doch mit Kraft ans Werk zu gehen. Sie lernte, wenn auch unter Schmerzen, die Kälte der Wände, die Leere und das Alleinsein zu ertragen und anzunehmen. In dieser Zeit erlebte sie, dass ihre innere Stimme deutlicher vernehmbar wurde und die Kraft in ihr wuchs. Sie gab nicht auf, nach dem Schatz zu suchen, auch wenn sie am Ende eines jeden Tages nichts anderes vorzuweisen hatte als eine immer größere Sehnsucht.

Eines Tages jedoch fand sie einen Stein, der in der Quelle lag und den sie zuvor stets übersehen hatte. Vorsichtig hob sie ihn auf und erkannte staunend dünne Goldfäden in dem grauen Stein. War sie am Ziel ihrer Suche? Sie betrachtete ihn eingehend und sah, dass genau dort, wo die Goldfäden zusammenliefen, eine Inschrift geschrieben stand, die sie nur mit großer Mühe entziffern konnte. Winzig klein, fast nicht zu erkennen waren die Buchstaben, und sie las: »Ich lebe – und ich liebe dich, so wie du bist!«

War dies nun der Schatz, der ihr zum wahren Leben verhelfen sollte, zu einem Leben in Freiheit? Sie konnte und wollte es nicht glauben. Wer war es, der diese Worte auf den Stein geschrieben hatte? »Ich lebe – und ich liebe dich, so wie du bist!« Wer wusste schon, wer und wie sie wirklich war! Wer hatte sie in ihrem Leben je wirklich gekannt und geliebt! Was war ihr denn jetzt noch geblieben, nachdem sie alles gegeben hatte?

Anna brach in Tränen aus. Wie sollte es weitergehen? Was konnte sie jetzt noch tun? In den Turm würde sie niemals zurückkehren!

Da spürte sie, wie jemand sie am Ärmel zupfte. Neben ihr stand die Taube und blickte sie an.

»Warum weinst du?«

»Ach, liebe Taube! Nun bin ich den weiten Weg gegangen, habe alle Gefahren überwunden, die Sehnsucht in mir gehütet und neue Kraft zum Leben gefunden, die in mir verborgen war. All das habe ich getan, um den Schatz zu finden, den du mir versprochen hattest. So lange habe ich ausgeharrt, gesucht und gehofft, und heute finde ich nur diesen Stein mit einer Inschrift, die ich nicht verstehe. Was bedeutet dies? Ich habe meinen Mut verloren und weiß nicht, wie mein Leben jetzt weitergehen soll.«

Die Taube blickte Anna mitfühlend an.

»Anna, so viel hast du hinter dir gelassen, nun lass dieses Schloss hinter dir, das dir zum Schatz geworden ist, auch wenn du es noch nicht spürst. Verlasse es und höre nur immer auf deine innere Stimme!«

Verzweifelt tat Anna, was ihr die Taube empfahl. Ihr Herz war voll Trauer und Enttäuschung. Sie setzte sich vor den Eingang des Schlosses und schlief erschöpft ein. Da hörte sie eine Stimme, die zart, aber bestimmt zu ihr sprach: »Anna, steh auf!«

Sie wagte nicht, die Augen zu öffnen. »Nein«, dachte sie, »lieber will ich weiterschlafen. Warum aufstehen? Für wen?«

Anna fürchtete sich. Sie hatte Angst vor der Leere des Tages, vor dem leeren Schloss, vor der Leere in ihrem eigenen Innern. Sie fürchtete die Ungewissheit des Lebens, das vor ihr lag. Alles schien ihr so sinnlos zu sein. Lieber wollte sie der Angst durch tiefen Schlaf entfliehen.

Doch zugleich fürchtete sie sich vor der Unruhe, die sie in ihrem Herzen spürte. Sie fürchtete ihre Unfähigkeit, dem Leben zu begegnen, fürchtete ihre Ohnmacht, ihre Schwachheit. Lieber wollte sie in den ewigen Schlaf fliehen, der schien ihr stark und verlockend. Für wen lohnte es sich denn zu leben? Niemand würde auf sie warten! Konnte sie hoffen, dass jemand käme, um die Liebe in ihrem Leben zu erwecken? Nein, sie kannte niemanden, der solch eine Liebe besaß, der sie lehren würde, das Leben – ihr Leben! – zu leben, zu lieben und auszukosten.

Lieber ließ sie sich vom Schlaf davontragen. Anna versuchte sich zu entspannen. Sie weigerte sich, der Stimme zu gehorchen, die nun ein zweites Mal zu ihr sprach: »Anna, steh auf!«

»Nein«, sagte Anna, »ich stehe nicht auf, ich will nicht mehr.«

Sie fühlte, wie sich in ihrem Inneren ein Sturm erhob.

»Lass mich, rühr mich nicht an!«, hörte sie sich sprechen. »Ich bin es nicht wert! Geh fort! Ich bin so überflüssig! Lass mich sterben! Vielleicht finde ich im Tod mein Leben!«

Doch es gab jemanden, der diese Klage, diesen stummen Hilferuf vernahm, denn Anna spürte etwas, das sie umfing, sanft, zärtlich, nicht fordernd oder besitzergreifend. Das war so liebevoll, dass Anna die Augen aufschlug. Und zum dritten Mal sprach die Stimme: »Anna, steh auf!«

Als sie dies vernahm, kam ihr eine Kraft entgegen, die sie ins Innerste ihres Wesens führte, dorthin, wo sie nur noch fühlen, nur noch wahrnehmen konnte, jenseits aller Gedanken. Und die Stimme sagte ihr ohne Worte: »Ich liebe dich, so wie du bist. Und ich möchte, dass du immer lebendiger wirst. Geh deinen Weg weiter. Höre auf deine innere Stimme. Traue dem Wort, das ich in dich hineinlegte und das wie ein Schlüssel ist zu allem, was in deinem Leben geschieht. Es wird nicht leicht sein auf deinem neuen Weg, aber dein Leben wird tiefer, lebendiger und wesentlicher.«

Anna erwachte. Ohne nachzudenken erhob sie sich und stellte sich auf ihre Beine. Erst zögernd, dann aber immer mutiger, begann sie zu gehen, mitten ins Leben hinein, und das erste Samenkorn des Vertrauens schlug Wurzeln in ihrem Herzen. ❈

Der arme Hirte

Es war einmal ein armer Hirte, der lebte ganz allein in den Bergen und hütete seine Schafherde. Eines Tages hatte sich eines seiner Schäflein verlaufen und er machte sich auf die Suche nach ihm. Hinter einem steilen Felsen fand er es endlich, er nahm es auf seine Arme und wollte es zur Herde zurücktragen, da stand plötzlich eine alte Frau vor ihm.

»Wer bist du?«, fragte der Hirte verwundert die Frau.

»Ich bin eine einsame Königin und seit vielen Jahren auf der Suche nach einem guten Menschen, der ein warmes Herz hat und klug zugleich ist, denn er soll mir helfen, meine arme Tochter zu befreien.«

Der junge Hirte wurde neugierig. »Wer hält denn deine Tochter gefangen?«

Da begann die alte Königin zu erzählen.

»Vor langer Zeit lebten der König und ich mit unserer Tochter in einem Schloss und wir waren sehr glücklich. Als die Prinzessin alt genug war, um zu heiraten, begannen wir, nach einem geeigneten Gemahl Ausschau zu halten. Viele junge Männer kamen in unser Schloss, doch keiner war darunter, der ihr gefallen hätte. Eines Tages kam ein junger und forscher Ritter in schwarzer Rüstung vor unser Schloss geritten, der um die Hand unserer Tochter anhielt. Sie aber sprach: ›Dieser Mann hat kein gutes Herz, ich will ihn nicht heiraten.‹ So mussten wir ihn, wie schon all die anderen Bewerber zuvor, wegschicken. Doch der Ritter wurde so zornig, dass er sein Schwert zog und den König tötete. Meine Tochter aber nahm er mit sich. Seitdem sind viele Jahre vergangen und ich bin alt geworden, ohne dass ich sie gefunden hätte. Willst du mir nicht helfen, sie zu suchen?«

»Gerne«, sagte der arme Hirte, »aber sage mir: Wo soll ich suchen und wie kann ich deine Tochter finden?«

»Höre mir genau zu«, sprach die alte Königin. »In einem sehr alten Buch steht geschrieben: ›Finde einen einfachen Menschen, der ein gutes Herz hat. Wenn du ihm ein Tuch aus Seide auf den Kopf legst, wird er jede Schwierigkeit meistern können.‹ Mein Herz sagt mir: Du scheinst ein solcher Mensch zu sein, daher frage ich dich noch einmal: Willst du mir helfen, meine Tochter zu suchen?«

»Ich will alles tun, um deine Tochter zu finden«, antwortete der Hirte, ohne lange zu überlegen.

Da holte die Königin ein seidenes Tuch hervor und legte es ihm auf den Kopf. Im gleichen Augenblick war er verschwunden.

»Wo bist du?«, rief die Königin erschrocken.

»Ich stehe vor dir!« antwortete der Junge.

»Aber ich kann dich nicht sehen!«, entgegnete sie.

Da nahm der Junge das Kopftuch ab und war im gleichen Augenblick wieder sichtbar.

»Jetzt verstehe ich«, sagte sie. »Das Tuch macht dich unsichtbar! So bist du also der Richtige. Bitte, mach dich schnell auf den Weg und finde meine Tochter!«

»Dann hüte du meine Schafe, solange ich unterwegs bin!«

Die Königin willigte gerne ein und gab dem Jungen ihre Segenswünsche zum Geleit. Er lief den Berg hinunter und wandte sich nach Westen. Der Weg führte ihn durch Felder und Wälder und er wanderte, bis der Abend dämmerte. Todmüde legte er sich unter einen Lindenbaum. Weil aber der Mond durch die Wipfel hindurch hell in sein Gesicht schien, konnte er nicht einschlafen. Deshalb legte er das seidene Tuch über seine Augen.

Sogleich vernahm er die Stimme eines Vogels, der auf einem Ast über ihm saß: »Höre mir gut zu! Hinter dem Wald liegt eine verzauberte Stadt. Dort leben der gierige Zwerg, die von Hass zerfressene Hexe und der zwieträchtige Zauberer. Sie sind die Knechte des schwarzen Ritters. Du musst alle drei besiegen, um die Prinzessin zu befreien. Es wird kein Leichtes für dich sein, doch du bist unerschrocken und mutig. Ich weiß, es wird dir gelingen. Wenn du alle drei niedergerungen hast, musst du noch den selbstsüchtigen schwarzen Ritter finden, denn er ist es, der den Zauber auf die Stadt gelegt hat. Niemand in dieser Stadt kann sich mehr bewegen, alle scheinen tot zu sein, doch sind sie nur erstarrt und werden wieder lebendig, wenn der Ritter bezwungen ist. Schlafe nun und sammle Kraft für den morgigen Tag. Ich wünsche dir viel Glück!«

Im selben Augenblick flog der Vogel davon, und als der Junge verwundert den Kopf hob, war nichts mehr zu sehen als die pechschwarze Nacht. Er fragte sich, ob er wohl geträumt habe, und schlief sogleich wieder ein.

Mit den ersten Sonnenstrahlen machte er sich auf den Weg. Er kämpfte sich durch dichtes Dornengebüsch und stieg über umgestürzte Baumstämme. Bald gelangte er an das Ende des großen Waldes und erblickte die verzauberte Stadt, die von einer gewaltigen Mauer umgeben war. Nicht weit voraus sah er das verschlossene Stadttor. Mutigen Schrittes ging er darauf zu.

Nahe dem Tor war eine Höhle zu sehen, aus deren Innerem Schätze aus purem Gold funkelten. Davor saß ein hässlicher Zwerg, der das Tor zur Stadt bewachen sollte. Wie es schien, war er aber eingeschlafen. Der Junge nahm einen großen Stein, schlich sich heran und erschlug den schlafenden Zwerg. Von dem Reichtum aber, der ihm entgegenglänzte, ließ er sich nicht versuchen, sondern nahm nur das Beil an sich, das der gierige Zwerg in den Händen gehalten hatte. Mit diesem zerschlug er das eiserne Schloss des Tores und gelangte hindurch.

Vor ihm lag die Stadt in unheimlicher Stille. Alles schien wie ausgestorben, doch in den Straßen standen Menschen, die aussahen, als seien sie mitten in der Bewegung eingefroren. Einer stand unbewegt im Hauseingang und machte gerade einen Schritt hinein. Ein anderer hatte die Hand erhoben und wies auf einen Hund, ohne sich zu rühren. Zwei Frauen waren mitten im Gespräch erstarrt.

Nur bei einem dunklen Haus drang Rauch aus dem Schornstein. Der Junge lief sogleich darauf zu und spähte durch die staubigen Fenster in die Stube. Da sah er, wie die gehässige Hexe einen Trank über dem Feuer braute. Vorsichtig öffnete der Junge die Tür, doch die rostigen Angeln knarrten laut und verrieten sein Kommen. Die Hexe fuhr herum und stieß einen gellenden Schrei aus. Da hob er das Beil und trennte mit einem gewaltigen Streich ihren Kopf vom Rumpf. Sofort fiel sie in sich zusammen, und es blieb nichts von ihr übrig als zwei Häuflein Staub. Der Junge füllte den Staub in einen silbernen Becher, der auf dem Tisch stand, nahm in an sich und verließ das schaurige Haus.

Gleich darauf vernahm er die Stimme eines Mannes, der nach der Hexe rief. Das musste der zwieträchtige Zauberer sein! Schnell versteckte er sich hinter einer dichten Hecke, da kam schon der Zauberer mit großem Hut und rotem Mantel auf ihn zu. Als der ihn fast erreicht hatte, sprang der Junge hervor und stellte sich ihm in den Weg. Erschrocken hielt der Zauberer inne. »Warum fügst du den Menschen so viel Leid zu?«, fragte ihn der Junge unerschrocken. Der Zauberer rang nach Worten, konnte aber keine Antwort finden. Wie er nun so ratlos dastand, nahm der Junge den Becher und schleuderte ihm den Staub der toten Hexe in die Augen. Vor Schreck ließ der Zauberer seinen Zauberstab fallen. Sogleich ergriff der Junge den Stab und nahm dem Zauberer damit seine bösen Kräfte. Dann legte er sich schnell das seidene Tuch auf den Kopf und war unsichtbar.

Im Nu kam der Vogel, der schon im Wald mit ihm gesprochen hatte, herbeigeflogen und setzte sich vor seine Füße. »Gut gemacht«, zwitscherte er, »jetzt musst du noch den schwarzen Ritter überwinden. Siehst du die Burg auf jenem Berg? Dort wohnt der Selbstsüchtige und hält die Prinzessin in einem dunklen Verlies gefangen.«

Der Vogel flog davon und dem Jungen blieb keine Zeit mehr, etwas zu fragen. So machte er sich auf den Weg zur Burg. Das Tuch jedoch, das ihn unsichtbar machte, behielt er auf dem Kopf. Steil führte ein schmaler Pfad den Berg hinauf. Schon von Weitem hörte er das Klagen des Mädchens. Er ging der Stimme nach und gelangte zu einer Tür mit einem kleinen Gitterfenster.

Eben wollte er mit dem Beil die Türe aufbrechen, da hörte er eine raue Stimme rufen.

»Sei still, sonst soll es dir noch schlimmer ergehen! Morgen wirst du meine Frau werden, die Hochzeit ist schon vorbereitet!«

»Niemals!«, rief die Prinzessin. »Eher will ich sterben!«

Der schwarze Ritter aber lachte dröhnend und entfernte sich mit lauten Schritten.

Mit der scharfen Klinge des Beiles brach der Junge das Schloss des Kerkers auf. Da fand er die Prinzessin in Fesseln auf einem Lager aus hartem Stroh liegen. Er nahm das Tuch vom Kopf und als sie sah, dass er sie retten wollte, wies sie mit der Hand in die Richtung, aus der die Stimme des Ritters gekommen war. Schnell machte er sich wieder unsichtbar. Mit einem einzigen Hieb schlug der Hirtenjunge die Türe entzwei und stürmte in das Zimmer. Auf einem schweren, reich verzierten Holzstuhl saß der schwarze Ritter vor dem Kamin. Er wollte soeben ein Stück Holz in das Feuer werfen. Verwundert über den plötzlichen Lärm fuhr er herum, konnte aber niemanden erblicken. Der unsichtbare Hirtenjunge sprang beherzt hinzu, nahm das Schwert des Ritters, das neben seinem Sessel stand, und schlug ihn damit nieder.

Erst jetzt nahm der Hirtenjunge das Tuch von seinem Kopf, lief zur Prinzessin und befreite sie von ihren Fesseln. Voll Dankbarkeit umarmte sie ihn.

Gemeinsam gingen sie zurück ins Kaminzimmer, doch dort, wo eben noch der schwarze Ritter gesessen hatte, stand jetzt eine große Truhe voll glitzernden Goldes. Laute Stimmen drangen von draußen herein. Die Stadt war wieder zum Leben erwacht, der böse Bann für immer gebrochen. Den Zauberstab aber warf der Junge ins Feuer, und gemeinsam sahen sie zu, wie die Flammen ihn zischend verzehrten. Sodann sandten sie Boten aus, die Königin zu holen.

Nach drei Monaten wurde Hochzeit gefeiert, und alle Menschen in der Stadt waren eingeladen. Die Prinzessin und der Hirtenjunge aber lebten glücklich bis an ihr Lebensende. ❋

Die goldene Krone

Es war einmal ein König, der mit seiner Frau in einem prächtigen Schloss wohnte. Der König war ein seltsamer Mann, denn er trug keine Krone auf dem Kopf und war auch sonst nicht wie ein König gekleidet. Er sah aus wie ein Mann auf der Straße, nur vielleicht ein klein wenig vornehmer gekleidet.

Jeden ersten Tag in der Woche hielt er Gericht und sprach sein Urteil, wenn sich jemand über seinen Nachbarn beschwerte oder der eine vom anderen bestohlen worden war. Doch er brachte es nicht übers Herz, jemanden lange einzusperren oder gar hinrichten zu lassen. Seine Schiedssprüche waren stets milde, denn er hoffte auf die Einsicht der Übeltäter. Darüber geriet er oft in Streit mit seiner Frau.

»Du bist kein guter und schon gar kein gerechter König«, hielt sie ihm immer wieder vor, »du siehst nicht einmal aus wie ein richtiger König!« Um den ewigen Streitereien ein Ende zu machen, versprach er ihr eines Tages, sich in Zukunft zu kleiden wie andere Könige und auch seine Krone aufzusetzen. Und so geschah es.

Anderntags trat er wie versprochen mit Königsrobe und goldener Krone vor seine Frau. »Jetzt bist du endlich ein richtiger König. Du siehst wirklich großartig aus«, sagte sie voller Bewunderung. Der König nahm die Krone ab und betrachtete sie lange.

»Was soll dir die Köchin heute zum Mittagessen bereiten?«, fragte sie ihn noch, bevor er zu seinen Amtsgeschäften eilte.

»Ach, das ist mir gleich«, antwortete der König, »ein wenig Fleisch mit Kartoffeln und Gemüse wird es schon tun.« Er setzte seine Krone auf und ging davon.

Als dann des Mittags die Mahlzeit auf den Tisch kam, wurde der

König zornig: »Was soll denn das? Ist dies etwa ein angemessenes Essen für einen König? Zum Teufel mit diesem Fraß, gib es den Hunden!«

Er stieß den Teller von sich und ging hinaus. Da weinte die Königin und zog sich verstört in ihre Gemächer zurück.

Tags darauf fragte die Königin erneut: »Was soll dir die Köchin heute zum Mittagessen zubereiten? Hast du einen besonderen Wunsch?«

»Ach, es ist mir gleich«, sagte der König, während er seinen Umhang anlegte, »meinetwegen gebratenes Hühnchen.«

Die Königin gab den Auftrag an die Köchin weiter, die das Hähnchen liebevoll zubereitete. Als es der König aber mittags serviert bekam, tobte er: »Ist das vielleicht ein königliches Essen?«

»Was stimmt denn nicht damit?«, fragte die Königin ängstlich, »du hast es doch selbst so gewünscht!«

Da schlug der König mit der flachen Hand auf den Tisch, dass das Hähnchen vom Teller hüpfte.

»Ist das vielleicht eines Königs würdig – ein Brathähnchen?«

Bestürzt lief die Königin hinaus, denn der Wutanfall ihres Gemahls war das Schlimmste, was sie je erlebt hatte.

Sobald der König die goldene Krone aufsetzte, war er nicht mehr wiederzuerkennen. Auch im Gerichtssaal ging es jetzt anders zu. Von nun an sollte jeder, der nur eine winzige Kleinigkeit verbrochen hatte, gehängt werden, und wer auch nur ein bisschen anders aussah als die anderen, sollte verbrannt werden.

Die Minister des Königs wussten keinen Rat mehr.

»Der König muss krank sein«, tuschelten sie untereinander, »wir können seine Befehle nicht ausführen!«

Also ließen sie heimlich Puppen aus Holz anfertigen, die dann erhängt oder verbrannt wurden. Das Volk durfte bei diesen Hinrichtungen nicht zusehen, nur der König beobachtete alles vom obersten Fenster seines Schlosses aus. So bemerkte niemand, was wirklich vor sich ging, und der König war zufrieden.

Nun hatte die Köchin aber einen kleinen Sohn. Dieser hieß Lukas, war zehn Jahre alt und ein rechter Wirbelwind. Eines Tages kam er an der Kammer der Königin vorbei, spähte neugierig durch das Schlüsselloch und wurde Zeuge eines Gesprächs, das sie mit dem König führte.

»Ach, lieber Mann, was ist nur in dich gefahren? Heute gab es feine Kalbsschnitzel und du hast all das gute Fleisch dem Diener an den Kopf geworfen!«

»Das ist meine Sache«, herrschte sie der König an. »Das ist ein Essen für arme Leute, aber nicht für einen König!«

»Es ist wirklich ein Jammer, wie du dich in der letzten Zeit verändert hast«, klagte die Königin. »Ich weiß mir nicht mehr zu helfen.«

»Schweig!«, schrie der König sie an. »Bisher war ich ein Trottel, jetzt aber bin ich ein König!«

»Nein, du warst kein Trottel.«

»Widersprich mir nicht!«

»Doch, ich widerspreche dir. Ich muss dir widersprechen!«

Darüber geriet der König so außer sich vor Wut, dass er seiner Frau eine schallende Ohrfeige gab. Dabei fiel ihm die Krone vom Kopf.

»Mein Gott, was tue ich da?«, rief er erschrocken. Die Königin begann zu weinen.

»Es tut mir Leid«, flüsterte der König kleinlaut, »das wollte ich nicht.«

Der kleine Lukas aber hatte alles gesehen und gehört.

»Daran ist bestimmt die Krone schuld, dass der König so böse ist«, dachte er. Als die beiden gegangen waren, schlich er sich heimlich in die Kammer des Königs und stahl die goldene Krone. Zu Hause wickelte er sie in ein Tuch und vergrub sie im Garten unter einem Baum. Der König aber war nun wieder der Alte, liebevoll zu seiner Frau und gütig in seinen Urteilen.

Es wäre wohl alles gut gegangen, hätte Lukas nicht einen kleinen Hund gehabt, der sehr neugierig war und überall im Schlossgarten Löcher grub. Als der König eines Nachmittags im Schlossgarten spazieren ging, sah er, wie der Hund mit der Krone zwischen den Zähnen hin- und hersprang.

»Wem gehört dieser Hund?«, fragte er den Diener, der neben ihm herging und das Haupt des Königs mit einem Schirm vor den Sonnenstrahlen schützte.

»Das ist der Hund des kleinen Lukas. Er ist der Sohn der Köchin.«

»Der Sohn der Köchin?«, sagte der König vergnügt. Er nahm dem Hund die Krone ab und setzte sie auf.

Im selben Augenblick verfinsterte sich seine Miene und er donnerte: »In den Kerker mit ihm bei Wasser und Brot!«

So geschah es. Tag und Nacht saß der kleine Lukas im dunklen Kerker. Das Schlimmste für ihn jedoch war, dass er niemanden hatte, mit dem er reden konnte. Dennoch klagte er nicht über sein Schicksal.

»Solange ich noch atmen kann, bin ich zufrieden. Immerhin liegt hier trockenes Stroh auf dem Boden.«

Einige Tage später befahl der König, dass der Knabe öffentlich auf dem Marktplatz gehängt werden solle, er selbst wolle dabei sein und zusehen. Die Königin weinte. Lukas aber ahnte nichts von seinem Unglück.

Am nächsten Morgen wurde die Tür laut knarrend von außen geöffnet. Der Diener des Königs trat ein und sprach mit trauriger Stimme:

»Du musst mitkommen, Lukas.«

»Wohin denn?«

»Sie werden dich erhängen.«

Da wurde der Knabe bleich vor Schreck. Der Diener führte ihn nach oben und brachte ihn in die Stadt. Auf dem Marktplatz waren nur wenige Menschen versammelt, denn die meisten Untertanen wollten bei diesem Unrecht nicht Zeuge sein. Der König aber saß stolz auf seinem Thron, die goldene Krone auf dem Haupt, und sah zu, wie der Henker Lukas den Strick um den Hals legte.

»Ich frage dich nun, Lukas, hast du noch einen letzten Wunsch?«

Lukas nickte. »Ja!«, rief er laut zum König hinüber. »Bringt mir eine lange, dünne Stange!«

Der König lachte erstaunt.

»Wenn dies dein letzter Wunsch ist, so will ich ihn dir gerne gewähren.«

Im Nu war eine lange Stange herbeigebracht. Lukas nahm sie in beide Hände und schlug damit dem überraschten König die Krone vom Kopf. Zornig sprang dieser von seinem Sessel auf und wollte eben seiner Wut Luft machen, als er plötzlich ganz sanft wurde.

»Um Himmels Willen, was geht hier vor?«, fragte er erschrocken den Diener an seiner Seite.

»Ihr lasst den kleinen Lukas erhängen, Euer Majestät.«

»Aber man kann doch kein Kind aufhängen!«, rief der König entrüstet.

»Da habt Ihr wohl recht, doch es war Euer Befehl.«

Sogleich befreite sich der kleine Lukas von dem Strick um seinen Hals, lief zum König hinüber, hüpfte auf seinen Schoß und erzählte ihm, was geschehen war.

»Ja«, sagte der König tief beschämt, »du hast recht getan. Ich bitte dich von ganzem Herzen: Verzeih mir, was ich dir antun wollte!«

»Aber ja!«, rief Lukas mit strahlenden Augen. »Ich bin froh, dass ich am Leben bleiben darf!« Und fröhlich lief er davon. Die Krone aber nahm er heimlich mit sich und versenkte sie im tiefsten Brunnen des Schlosses.

Seitdem regierte der König sein Land wieder weise und voller Herzensgüte und alle Bewohner waren glücklich und zufrieden. Lukas durfte im Garten des Königs spielen, wann immer er wollte. Nur der Hund schnüffelte ständig am Brunnen herum. Doch das fiel niemandem auf.

Satori

Es war einmal vor langer Zeit, da lebten fünf schöne Sternenschwestern im Sternbild des Satorion. Seit vielen tausend Jahren schon standen sie dort oben am Firmament und führten ein herrliches Leben. In ihren glitzernden Sternenkleidern waren sie prächtig anzusehen. Unablässig sangen sie, vergnügten sich und feierten herrliche Feste mit himmlischer Musik. Jede von ihnen wollte heller und schöner als die andere strahlen und viele junge Verehrer scharten sich um sie.

Nur die jüngste der fünf Schwestern, Satori, nahm selten an den Festen teil. Auch leuchtete ihr Kleid nicht so hell und strahlend wie das ihrer Schwestern. Doch das bedeutete ihr nicht viel, denn es war ihr nicht wichtig, die Schönste zu sein. Am liebsten saß sie an einem stillen Ort, abseits des großen Trubels, schaute in die unendliche Weite des Universums und horchte auf den Klang der Stille. Immer, wenn sie das Funkeln der Millionen Sterne betrachtete, durchströmte sie ein großer, innerer Friede. Ihre Schwestern schüttelten nur verständnislos die Köpfe über sie, denn es wollte ihnen einfach nicht in den Sinn, dass der Klang der Stille so sehr bezaubern konnte.

Als Satori eines Tages still und staunend in das samtene Blau des Universums mit den diamanten glitzernden Himmelskörpern blickte, erfüllte eine Traurigkeit ihr Herz, wie sie es noch nie verspürt hatte. Zugleich überkam sie eine tiefe Sehnsucht, die ihr sagte, dass sie fortgehen müsse, ohne dass sie gewusst hätte, wohin sie sich wenden solle.

Tag um Tag verging, doch das Gefühl von Traurigkeit wurde immer stärker. Schließlich suchte Satori Rat bei ihrer ältesten

Schwester Alice, die von allen am hellsten strahlte. Sie erzählte ihr vom Ruf des Universums, von der unerklärlichen Traurigkeit und der immer stärkeren Sehnsucht fortzuziehen. Da umarmte Alice ihre kleine Schwester liebevoll und gab ihr den Rat, sich doch mehr am fröhlichen Treiben der Schwestern zu beteiligen, statt die Einsamkeit zu suchen. So würde sie bald wieder fröhlich sein.

Satori befolgte ihren Rat und mischte sich gleich am nächsten Morgen unter die fröhliche Sternenschar. Wie schön sie doch in ihrem schlichten Sternenkleid anzusehen war! Die Sternenkinder freuten sich sehr und waren gerne bei ihr, denn von ihr ging eine tiefe innere Ruhe aus, so dass sich jeder davon angezogen fühlte. Doch trotz der vielen fröhlichen Begleiter konnte sich Satori an dem Treiben nicht recht erfreuen. Ihr Herz wurde immer schwerer und ihre Sehnsucht, hinaus ins unendliche Weltall zu fliegen, wurde im gleichen Maße stärker.

Bald schon saß sie wieder allein und blickte hinaus in das geheimnisvolle, weite Dunkel. Sie sah Millionen leuchtender Sterne, Nebel und Galaxien und lauschte der Stille. Mit einem Mal wurde ihr klar, dass nichts auf der Welt ihr diese Traurigkeit nehmen konnte, es sei denn, sie folgte der Sehnsucht, die sie hinausrief ins Universum. Und dies bedeutete, alles hinter sich zu lassen und aufzugeben, was ihr lieb und teuer war. So nahm sie Abschied von ihren Schwestern und ihrer geliebten Heimat. Ein letztes Mal suchte sie ihren stillen, einsamen Platz auf, nahm die vertrauten Sternenbilder noch einmal tief in ihr Herz auf, umarmte liebevoll jede ihrer Schwestern und flog dann davon, hinaus in die Weite des Himmels. Ihre Schwestern weinten bittere Tränen, denn sie ahnten, dass es ein Abschied für immer war.

Satori flog und flog. Nach und nach lösten sich die Traurigkeit und der Schmerz in ihr und eine unbeschreibliche Freude trat an ihre

Stelle. Immer heller erstrahlte sie und sie war ganz ergriffen von dem Feuer, das in ihrem Innern entfacht war.

Sie schwebte durch Nebel, Sternenstaub und Galaxien. Tage und Wochen vergingen. Satoris Körper schien allmählich transparent zu werden und es war, als leuchte von innen ein geheimnisvoller Glanz aus ihr heraus. Tiefer Friede breitete sich in ihr und um sie herum aus und als sie sich dem Sternzeichen Israels, dem Sternbild der Fische, näherte, hätte man meinen können, dass zahllose glühende Funken um sie herum aufstrahlten.

Mehrere hundert Lichtjahre entfernt standen im Lande Ägypten auf dem Turm des Pharaopalastes die königlichen Sterndeuter und beobachteten wie jede Nacht den Sternenhimmel. Da stieß einer der Astronomen einen Ruf des Erstaunens aus. Im Sternbild Satorion war ein Stern verschwunden! Vergebens bemühten sie sich, den fünften Stern auszumachen, doch es blieb bei vier Sternen. So sehr sie auch in ihren Schriften forschten, sie konnten keine Erklärung dafür finden.

In der darauffolgenden Nacht, als sie erneut aufmerksam den Himmel absuchten, schien es ihnen, dass in der Nähe des großen Wagens ein neuer Stern zu sehen war. Aber wie konnte das sein? Die Sterndeuter waren ratlos.

Wochen vergingen und der rätselhafte Stern nahm immer mehr an Leuchtkraft zu. Das Unglaublichste aber war, dass er sich am Sternenhimmel bewegte. Er wanderte durch die endlose Nacht des Raumes! Dem Pharao träumte, dass der Stern ihn riefe, aber er hatte ein hartes Herz und spürte das feine Zeichen der Friedensbotschaft nicht. Verärgert darüber, dass er seinen Traum nicht deuten konnte, rief er die besten Astronomen des Reiches zusammen, doch auch sie wussten keinen Rat.

Sogar an weit entfernten Orten der Erde war dieser rätselhafte Stern gesehen worden. Im fernen Arabien, Indien und Persien versuchten drei Sterndeuter, eine Erklärung zu finden, aber es wollte ihnen nicht gelingen.

Doch eines Nachts hatten alle drei den gleichen Traum: Ein wundersamer Stern strahlte am Firmament und winkte ihnen funkelnd zu. Er entfachte in ihren Herzen eine tiefe Sehnsucht, ihm zu folgen. Tief berührt von diesem Traum machten sich Kaspar aus Arabien, Melchior aus Indien und Balthasar aus Persien schon am nächsten Morgen auf die Reise ins Ungewisse. Furcht verspürte keiner der drei, denn sie waren voller Vertrauen zu diesem Stern. So gingen viele Wochen ins Land.

Auf einem Feld vor Bethlehem lagerten frierend einige arme Hirten und wachten bei ihrer Herde. Im schwachen Schein des Lagerfeuers waren ihre verhärmten Gesichter nur schwach zu erkennen. An manchem langen Abend hatten sie ihr hartes Los schon beklagt, das ihnen ein Leben in Armut und Elend bescherte, während die Herrscher des Landes im Überfluss lebten. Die Steuerlasten wurden immer drückender. Es blieb ihnen nur wenig zum Leben, gerade so viel, dass sie nicht sterben mussten. Sie dachten an ihre weinenden Kinder daheim, die vor Hunger nicht schlafen konnten.

Dann aber – das Feuer war gerade erloschen und die Hirten hatten sich in ihre Decken gehüllt – erstrahlte über ihnen ein Stern, heller als alle, die sie je gesehen hatten. Er leuchtete auf und warf sein Licht auf einen alten, fast verfallenen Stall in ihrer Nähe. Die Stille wurde noch tiefer. Sie wussten nicht warum, doch ihre Herzen bebten vor Freude und Spannung. Sie erhoben sich von ihrem Lager und liefen auf den Stall zu. Dort fanden sie ein Kind in der Futterkrippe, in ärmliche Lumpen gewickelt, daneben Mutter und Vater in einfachen Gewändern. Das Kind lächelte ihnen zu, während sie still dastanden. Es war ihnen, als ob eine große Kraft sie erfüllte, während sie schweigend verweilten. In diesem taghellen Sternenglanz wurden sie von unbeschreiblichem Frieden erfüllt. Alle Sorge und innere Not waren verschwunden. Andächtig sanken sie auf die Knie. Ein jeder spürte, dass etwas Großes und Unbeschreibliches geschehen war, und ihre Herzen waren voller Hoffnung.

Währenddessen hatte der Stern die drei weisen Sterndeuter aus dem Morgenland zusammengeführt. Gemeinsam waren sie Nacht für Nacht dem Stern gefolgt. Wenn sie ruhten, sprachen sie oft darüber, wer sie wohl gerufen hatte, ihm zu folgen. Sie suchten nach Antworten in den Schriften ihrer Religionen, doch alles Forschen brachte sie nicht weiter. Manchmal drohten sie sogar in Streit darüber zu geraten, was denn nun die Wahrheit sei, aber das währte nur kurz. Beharrlich zogen sie dahin, ihre Blicke fest auf den Stern gerichtet.

Je länger sie aber dem Stern folgten, umso mehr spürten sie seine stille Kraft. Wenn sie nun in ihren Schriften lasen, so taten sie dies mit feineren Sinnen und liebevollen Herzen. Sie entdeckten Gemeinsamkeiten, die sie nicht auszusprechen wagten, doch sie spürten sehr deutlich, dass sie alle vom Gleichen angerührt waren.

Eines Nachts, als sie von der langen Reise müde ruhten, erschien Satori strahlend wie die Sonne. Der nächtliche Himmel leuchtete taghell und eine unbeschreibliche Freude erfasste sie, so dass sie ihre Kamele zur Eile trieben, bis sie zu einem alten Stall gelangten, der im Licht des Sternes aufleuchtete. Dort fanden sie ärmliche Hirten, die vor einem in Lumpen gehüllten Kinde knieten, das in einer Futterkrippe lag.

Der Stall war erfüllt von einer großen Kraft. Es war bitterkalt und dennoch schien alles in Wärme gehüllt. Sie achteten nicht auf ihre kostbaren Kleider, als sie im Schmutz des Stalles niederknieten und dem Kind Weihrauch, Myrrhe und Gold zu Füßen legten. Sie betrachteten nur noch das Kind, das vom Licht des Sterns erleuchtet wurde. Die Hirten sahen die Sterndeuter schweigend an wie alte Freunde, und alle wussten, dass sie nichts sagen mussten, um einander zu verstehen. Ihre Herkunft, ihre Unterschiede, ihr Glaube waren im Angesicht dieser Kraft ganz unbedeutend geworden. Alle spürten das Geheimnis, das sich vor ihnen und in ihnen vollzog. Da war nur noch das EINE, das voller Liebe war.

Lange verweilten sie in schweigender Andacht. Das Licht des Sterns wurde milder und sanfter, bis Satori nicht mehr von den anderen Sternen zu unterscheiden war. Die Nacht breitete sich wieder aus, die Sterne traten am Firmament hervor und übergossen den Himmel mit ihrem silbernen Glanz.

Erst als die Sonne den jungen Tag ankündigte, zogen sie sich in tiefer Dankbarkeit aus dem kleinen Stall zurück. Tief bewegt wandte sich ein jeder heimwärts. Die Hirten gingen zurück zu ihren Hütten, beschenkt mit den kostbaren Gewändern der Weisen, mit Herzen, in denen keine Bitterkeit mehr war, die Sterndeuter, in die Lumpen der Hirten gekleidet und erfüllt von einem Frieden, der über jeden Streit erhaben war. So brachte jeder eine Botschaft mit nach Hause, die in ihren Schriften immer schon geschrieben stand. Und jedes Mal, wenn sie in einer sternklaren Nacht zum Himmel emporblickten, waren sie von Dank erfüllt für dieses Geschenk des Friedens.

Karma

In den unendlichen Weiten Australiens lebte einmal eine kleine Kolibri-Mama namens Milli. Jeden Tag saß sie voller Vorfreude auf ihrem Nest, um ihre drei winzigen Eier auszubrüten, denn sie wurde zum ersten Mal Mutter. Die kleine Kolibri-Dame kümmerte sich rührend und liebevoll um ihre Eier. Sie war darüber so glücklich, dass sie mit ihrer hellen Stimme die schönsten Lieder sang. Sie hegte und pflegte die Eier und ließ sie nur ungern allein, und immer, wenn sie das Nest verließ, um Futter zu suchen, war sie in großer Sorge. Daher war sie jedes Mal erleichtert, wenn sie die drei Eier wieder wohlbehalten vorfand und unter ihrem schützenden Gefieder wärmen konnte.

Eines Tages, die Sonne schien hell und warm vom Himmel, machte sich Milli wie so oft auf die Suche nach Futter. Sie zupfte noch einige Hälmchen am Nest zurecht, verabschiedete sich liebevoll von ihren noch ungeborenen Sprösslingen und flog davon.

Zur selben Zeit knurrte auch der kleinen Lucy der Magen. Lucy war eine Flachkopfbeutelmaus und nicht gerade eine Schönheit. Schon seit Stunden hielt sie Ausschau nach Futter. Da hörte sie plötzlich hoch oben in den Ästen eines Eukalyptusbaumes Blätter rascheln. Sie duckte sich und spähte nach oben. Gerade noch sah sie, wie ein Kolibri zwischen den Blättern davonflog. Bei näherem Hinsehen bemerkte sie im grünen Ästegewirr ein kleines, unscheinbares Nest.

»Ein Nest!«, rief sie freudestrahlend. »Ich habe ein Nest entdeckt! Und wo ein Nest ist, gibt es auch leckere Eier!«

Mit flinken Bewegungen trippelte Lucy zu dem Baum und kletterte hurtig den Stamm hinauf. Als sie das Nest erreicht hatte, glaubte sie ihren Augen nicht zu trauen: Drei Eier lagen dort, ein wahrer Leckerbissen! Sie waren zwar nur winzig klein, so dass sie im Leben davon nicht satt werden konnte, aber für den ersten Hunger würde es reichen. Sorgfältig beschnüffelte sie jedes der Eier und befühlte eines nach dem anderen, um sicher zu sein, dass auch keines verdorben sei. Als Lucy das dritte Ei umdrehte, fiel ihr ein kleiner brauner Fleck auf.

»Igitt!«, sagte sie angewidert. »So etwas esse ich nicht.«

Sie nahm das Ei, warf es aus dem Nest und hörte, wie es tief unter ihr zersplitterte. Nachdem Lucy sich noch einmal vergewissert hatte, dass die beiden übrig gebliebenen Eier auch nicht den kleinsten Makel hatten, nahm sie eines davon in ihre kleinen Pfoten. Sie leckte ihr Mäulchen, doch als sie gerade zum Biss ansetzen wollte, verspürte sie einen kräftigen Piks in ihr Hinterteil und Vogelflügel flatterten wild vor ihrem Gesicht. Vor Schreck glitt ihr das Ei aus den Pfoten, fiel zurück ins Nest und beide Eier zerbrachen.

Wie der Wind machte sie sich davon, huschte den Baumstamm hinab und suchte Schutz zwischen den Steinen.

Milli sah, was geschehen war, und weinte bitterlich um ihre zerbrochenen Eier.

»Warum muss das ausgerechnet mir passieren?«, klagte sie. »Was habe ich bloß falsch gemacht, dass mir ein solches Unglück widerfährt?«

Ein alter, schon ergrauter Rabe, der ganz in der Nähe saß, hörte ihr Weinen. »Was ist los mit dir? Warum bist du so traurig?«, fragte er und blickte sie mit schiefgelegtem Kopf aus seinen schwarzen Augen an.

Milli erzählte ihm, was eben geschehen war, und der Alte hörte ihr geduldig zu. Als sie zum Ende gekommen war und wieder zu weinen begann, wiegte er bedächtig den Kopf hin und her und sprach dann mit sanfter Stimme: »Ich kann deinen Kummer mitfühlen, liebe Milli. Das Leben ist oft so, dass wir es nicht verstehen können. Ich habe das genauso erlebt wie du heute und weiß, wie schwer das ist. Die Frage ist, wie wir damit umgehen. Aber schau, kennst du auch nur einen einzigen, der nicht einen Verlust erlebt hätte? Müssen wir nicht ständig lernen loszulassen und dem Leben zu vertrauen?«

Milli blickte ihn erstaunt und etwas verwirrt an. So etwas hatte ihr noch nie jemand gesagt.

»Sei vorsichtig mit deinen Erwartungen«, fuhr der Rabe fort. »Sie werden allzu leicht enttäuscht.«

Milli taten diese Worte weh, dennoch hörte sie dem Raben zu.

»Ich werde über deine Worte nachdenken«, sagte sie und wischte sich die Tränen aus den Augen. »Und was soll ich jetzt tun?«

»Geh zum König der Vögel«, sagte der Alte, »erzähle ihm deine Geschichte und frage ihn um Rat. Der alte Rotkopfseeadler wird bestimmt wissen, was zu tun ist. Du wirst sehen, das Leben nimmt seinen Lauf, doch oft kommt es ganz anders, als wir es erwarten.«

Dann schwieg er. Milli bedankte sich und machte sich auf den Weg.

Der Adler wohnte am Waldrand in der Nähe des Sees, dort, wo die höchsten Bäume standen. Zusammen mit seiner Frau, die gerade zwei Eier ausbrütete, saß er hoch oben in seinem Nest und döste vor sich hin. Als Milli ihm ihre Geschichte berichtete, fuhr er sie gebieterisch an: »Siehst du nicht, dass du störst! Meine Frau brütet gerade unsere Eier aus und ich mache meinen Mittagschlaf! Kümmere dich selbst darum, ich kann dir nicht helfen! Und jetzt verschwinde!«

Tief enttäuscht machte sich die Kolibri-Mama auf den Heimweg. Als sie schon fast zu Hause war, hörte sie plötzlich ein Kratzen, das vom Waldboden heraufdrang. Mit ihren scharfen Augen sah sie schnell, wer sich da geregt hatte. Nicht weit von ihrem Nest entfernt lag auf dem Boden ein Haufen kleinerer Steine, von denen sich einige bewegten. Es war Lucy, die gerade mit ihrem breiten Maul die Steine übereinanderschob, um sich besser darunter verstecken zu können. Milli flog dicht über sie hinweg. Durch ihren Flügelschlag kam ein Stein ins Rollen und fiel direkt auf das Schwanzende von Lucy. Die Beutelmaus jaulte auf und lief wie der Blitz davon.

Ohne auf den Weg zu achten, rannte Lucy blind vor Schmerz aus dem Wald hinaus und hinüber zum See. Sie sah nicht, dass sie direkt auf Bruno, den Büffel, zulief, der nichts ahnend am Seeufer lag und döste. Ganz von Sinnen flitzte Lucy auf den Wasserbüffel zu, stolperte und blieb genau in seinem Nasenloch stecken.

Erschrocken fuhr der Büffel hoch. Irgendetwas kitzelte ihn gewaltig in der Nase, doch so sehr er auch schnaubte, er wurde den Juckreiz nicht los. Wütend rannte Bruno los, und zwar in Richtung Waldrand. Den Kopf wild schüttelnd versuchte er vergeblich, den unliebsamen Gast in seinem Nasenloch loszuwerden. Dabei übersah er vollkommen den mächtigen Baum, auf den er zugaloppierte. Mit einem dumpfen Knall schlugen die Hörner des Büffels gegen den Baum, so dass der Stamm unter der Wucht des Aufpralls erzitterte. Einen kurzen Augenblick später hörte man etwas am Boden zerbrechen, dann Flügelschlagen und bestürzte Rufe. Es waren der Rotkopfseeadler und seine Frau. Fassungslos blickten sie auf ihre zwei Eier herab, die zersprungen neben Bruno auf dem Boden lagen.

»Bruno, bist du verrückt? Was hast du getan? Unsere Eier sind zerschmettert!«, rief der Rotkopfseeadler in grenzenlosem Zorn.

Bruno, der sich endlich von der Maus in seinem Nasenloch befreit hatte, schaute verständnislos hinauf.

»Was kann ich dafür?«, brüllte er erbost. »Diese Flachkopfbeutelmaus hier hat sich direkt in mein Nasenloch gebohrt. Da bin ich zu Tode erschrocken losgerannt und habe deinen Baum vollkommen übersehen! Lucy ist schuld. Wende dich an sie!«

Da meldete sich Lucy empört zu Wort: »Was, das soll meine Schuld sein? Es ist ganz alleine die Schuld des Kolibri. Seinetwegen fiel mir ein Stein auf den Schwanz und ich bin blind vor Schmerz in das Nasenloch von Bruno gelaufen und stecken geblieben!«

»Wenn das so ist«, sagte der Rotkopfseeadler grimmig, »dann nehmen wir uns jetzt dieses Kolibri-Weibsstück vor! Führe mich zu ihr, Lucy! Die kann was erleben!«

Wenig später erreichten sie das Nest von Milli, die noch immer mit verweinten Augen auf dem Rand hockte und um ihre Eier trauerte. Der große Rotkopfseeadler ließ sich auf einem Ast neben ihrem Nest nieder, während Bruno und Lucy unten am Baumstamm warteten. Doch kaum hatte der wütende Rotkopfseeadler mit seinen Vorwürfen begonnen, fiel ihm Milli ins Wort.

»Kannst du dich erinnern, dass ich zu dir kam und dich um Hilfe bat?«, piepste sie mit verweinter Stimme. »Du hattest keine Zeit für mich. Du hast gesagt, ich solle verschwinden und mich selbst darum kümmern. Wie hätte ich etwas tun können? Lucy hat meine Eier zerbrochen und du hast mir nicht geholfen. Worüber beschwerst du dich also?«

Der König der Vögel schwieg betroffen. Er wurde bleich vor Scham, und damit er diesen Tag nie vergessen würde, blieb sein Schopf für immer weiß. Seitdem nennen ihn alle Weißkopfseeadler.

Sonnenschein

Es war einmal ein Planet am Rande des Universums, der von seltsamen Wesen bewohnt war, die wie dunkelbraune Glasflaschen wirkten. Eigentlich waren es keine Flaschen, aber sie fühlten und handelten so. Sie meinten, ein freies Leben nach ihrem eigenen Willen zu führen, doch in Wirklichkeit hatten sie sich hinter Glas gepanzert, ohne es zu merken. Sie glaubten, menschliche Wesen zu sein, aber was der Mensch wirklich ist, das wussten sie nicht.

Diese seltsamen Menschen waren der Meinung, dass ihr Verstand, ihre Gefühle, ihre Gedanken und selbst ihre Seele in diesen Flaschen eingeschlossen wären. Manch einer behauptete, am Ende ihres Lebens würde die Seele aus der Flasche zum Himmel emporsteigen. Um diese Meinung durchzusetzen, wurden sogar jahrhundertelang Flaschenkriege geführt. Es war eine wirklich schlimme Zeit.

Diese Lebewesen gehörten zu den ärmsten im ganzen Universum. Sie erkundeten die Weiten des Alls, um nach außerirdischer Intelligenz zu suchen, obwohl sie alles Wissen schon in sich hatten, das man zum Glücklichsein braucht. Und weil jeder auch seine Ängste und Sorgen in seiner Flasche eingeschlossen hatte, war das Leben voller Schwierigkeiten für sie. Der Zorn darüber führte dazu, dass sie immer den anderen die Schuld für ihre Probleme gaben. In ihrer Unzufriedenheit zerstörten sie nicht nur sich selbst, sondern nach und nach auch den Planeten, auf dem sie zu Hause waren.

Unter all den braunen Flaschen jedoch gab es eine, die anders aussah. Sie war hell und durchscheinend. Doch das sahen die anderen nicht, weil sie in ihrem dunklen Glas gefangen waren. Diese helle Flasche war bei allen sehr beliebt und wurde ihrer Freundlichkeit wegen

»Sonnenschein« genannt. Früher war Sonnenschein genau so dunkel gewesen wie all die anderen Flaschen, aber es war etwas mit ihr geschehen, das sie verändert hatte.

Sonnenschein war immer schon neugierig gewesen. Eines Tages hatte sie ein Buch in die Hand bekommen, in dem geschrieben stand, dass es die Flasche in Wirklichkeit gar nicht gebe. Das fand sie so spannend, dass sie nicht aufhören konnte, darin zu lesen. Von da an war sie damit beschäftigt, auszuprobieren, was sie gelesen hatte. Sie setzte sich hin und konzentrierte sich allein auf ihren Atem. Zunächst fand sie das sehr schwierig, denn ihre Gedanken schweiften ständig ab und sie konnte nie länger als nur wenige Sekunden beim Atem bleiben. Doch mit der Zeit fiel es ihr leichter. Dabei wurde es immer heller in ihr. Dies wiederum ließ sie nun viel deutlicher erkennen, wie dunkel all die Flaschen um sie herum waren. Auch sich selbst konnte sie nun viel deutlicher wahrnehmen.

Eines Tages, als sie wieder einmal ganz in sich versunken dasaß, sprengte es ihr den Verschluss weg. Plötzlich strömte frische Luft von außen in ihr Inneres, Sonnenschein konnte so tief durchatmen wie nie zuvor. Der ständige Fluss der Gedanken hatte sich aufgelöst und sie fühlte sich mit einem Mal völlig frei. Frei von dummen Gedanken, frei von Unglück, Leid und Vorwürfen. Sie hatte zwar gelesen, dass ihr Inneres vollkommen leer sei, das jedoch bislang nicht glauben können. Nun aber empfand sie eine ungeheure Freude in sich, und diese Freude drang nach außen und ließ sie heller und heller werden.

Zu jener Zeit war Sonnenschein mit einem jungen Mann befreundet, der sie sehr bewunderte. Eines Abends trafen sie sich auf ein Glas Wein, aber Manuel, so hieß der Bekannte, wirkte niedergeschlagen, als er sich zu ihr an den Tisch setzte.

»Du siehst nicht sehr glücklich aus, Manuel. Sag schon, was bedrückt dich?«

Manuel blickte erstaunt auf. »Kannst du in mein Inneres sehen?«

Sonnenschein lächelte. »Man muss kein Hellseher sein, um zu merken, dass es dir nicht gut geht.«

»Ich arbeite einfach zu viel«, erwiderte Manuel. »Ich fühle mich ausgelaugt und bin abends zu erschöpft, um noch irgendetwas zu unternehmen. Heute ist wirklich eine Ausnahme. Normalerweise sitze ich jetzt vor dem Fernsehgerät, dann gehe ich ins Bett und am nächsten Tag wiederholt sich das gleiche Spiel. Aber das ist doch kein Leben, das kann doch nicht alles sein!« Er ließ den Kopf sinken.

Sonnenschein sah den verhärmten Ausdruck in seinem Gesicht und fühlte mit ihm.

»Du hast Recht, das ist nicht alles. Es gibt so viel mehr!«

»Wie meinst du das?«, Manuel sah sie fragend an.

»Ich glaube, wir sind nicht auf dieser Welt, um unglücklich zu sein. Ich meine, es geht darum, dass wir uns weiterentwickeln und entdecken, was in uns steckt.«

»Das verstehe ich nicht«, sagte Manuel. »Was meinst du damit: was in uns steckt?«

»Die meisten Menschen auf diesem Planeten betrachten ihren Körper wie eine Flasche, in der alles eingeschlossen ist, all ihre Gefühle, der Verstand, die Gedanken, Bilder und Vorstellungen. Aber ich habe herausgefunden, dass das nicht stimmt. Wir sind eigentlich vollkommen leer. Ich habe erfahren, dass das, was sich im Außen ereignet, nur eine Spiegelung unseres Inneren ist. Wenn du das einmal erlebt hast, nimmst du die Dinge um dich herum und auch dich selbst nicht mehr so wichtig. Und dann entdeckst du, dass du nicht frei warst. Verstehst du das?«

»Nicht ganz«, sagte Manuel.

»Schau, es ist wie im Kino. Die Bilder werden auf eine leere Leinwand geworfen. So geht es auch dir. Die Menschen nehmen die ständig wechselnden Bilder als Wirklichkeit wahr. Aber sie machen einen entscheidenden Fehler: Sie identifizieren sich damit. Du hast doch bestimmt schon einmal einen traurigen Film gesehen.«

»Natürlich«, antwortete Manuel.

»Dann hast du vielleicht auch mal eine Träne verdrückt.«

»Ja, sicher«, gab er zu.

»Das kommt daher, weil du dich mit dem Hauptdarsteller identifiziert hast.«

»Das ist doch normal!«

»Schon, aber so hast du keinen Abstand dazu. Der Film, diese scheinbare Wirklichkeit, macht etwas mit dir, und du kannst dich kaum dagegen wehren.«

»Du meinst, ich sollte mich mit den Bildern, die ich wahrnehme, nicht identifizieren?«

»Genau. Du solltest lernen, sie ganz in Ruhe anzuschauen, ohne sie festzuhalten. Es dauert seine Zeit, bis einem das gelingt. Probier es einfach aus!«

Gedankenverloren saß Manuel da und drehte sein halbvolles Glas in der Hand. Dann trank er es mit einem Zug leer und stellte es auf den Tisch. Er war neugierig geworden und wollte wissen, was an diesen seltsamen Ideen dran war. Gut möglich, dass dieses Gespräch sein Leben verändern würde.

»Was muss ich tun?

»Zunächst einmal muss es still in dir werden.«

»Würdest du mir dabei helfen, Sonnenscheinchen?«

»Ja, natürlich. Aber nur, wenn du ausnahmsweise einmal tust, was ich dir sage...«

Sie mussten lachen.

Und so begann Manuel etwas für ihn ganz Ungewöhnliches. Er setzte sich jeden Abend mit Sonnenschein an einen ruhigen Ort und gab sich ganz dem Augenblick hin. Doch so sehr er sich auch anstrengte, seine Gedanken kamen nicht zur Ruhe. Die unmöglichsten Gedanken kreisten in seinem Kopf. Es wurde ihm schnell klar, dass er nicht Herr im eigenen Hause war.

»Sonnenschein«, stöhnte er nach einer knappen Woche, »wie kann ich den Gedankenstrom wenigstens einmal anhalten?«

Sonnenschein riet ihm, die Gedanken zu akzeptieren, ohne sie weiter zu verfolgen, und sie nicht zu unterdrücken.

»Lass sie einfach kommen und gehen.«

Manuel folgte ihrem Rat, und allmählich wurde es ruhiger in ihm. Gedanke für Gedanke lief einfach heraus, wie Wasser aus der Flasche. Er fühlte sich zunehmend besser. Und je öfter er das tat, umso heller wurde es in ihm. Und je heller es in ihm wurde, desto mehr erkannte er, dass er nicht der war, für den er sich immer gehalten hatte. Er sah sich nicht mehr als dunkle Flasche, sondern als etwas Transparentes, Durchscheinendes. Mit fortschreitender Übung drang immer mehr Licht in ihn und erhellte sein Inneres.

Die Veränderung machte sich auch bei seiner Arbeit bemerkbar. Die Probleme blieben zwar die gleichen, doch ging er jetzt anders damit um. Sie drückten ihn nicht mehr nieder und er hatte viele neue Ideen. Manuel strahlte von innen heraus. Er fühlte sich nicht mehr als Flasche, als feste Form, sondern als etwas Durchlässiges, Veränderliches.

»Eigentlich bin ich wie der Wind«, sagte er einmal zu Sonnenschein. »Er ist zwar spürbar, aber niemand kann ihn sehen. Ich muss nur mit ihm wehen, auf ihm reiten, dann ist alles ganz einfach. Bisher habe ich mich immer dagegen gestellt. Das hat mich viel Kraft gekostet.«

Sonnenschein freute sich mit Manuel.

»Mach einfach weiter«, sagte sie, »und sieh zu, was passiert.«

Jahre vergingen, und er übte weiter.

Eines Abends saß Manuel auf dem Balkon seiner kleinen Wohnung und blickte hinauf in den weiten Sternenhimmel. Mit einem Mal wurde ihm dessen unermessliche Größe bewusst und er erkannte ohne jeden Zweifel, dass alles, was er sah, nicht außerhalb von ihm war. Er nahm seine eigene Größe und Weite wahr. Tränen liefen über sein Gesicht. Sein innerstes Wesen empfand er als weit und leer, doch dieser leere Raum war voller Leben. Die Form der Flasche war zerbrochen und er fühlte sich einer Freiheit gegenüber, wie er sie noch nie erlebt hatte. Die Gedanken hatten aufgehört zu sein und ein grenzenloses Staunen trat an ihre Stelle. Obwohl er in diesem Moment ganz allein war, fühlte er sich auf eine sehr innige Weise mit allem verbunden.

Es gab keine Gegensätze mehr, jede Trennung war aufgehoben. Er ruhte tief in sich und nahm zugleich das Außen deutlich wahr. Die Ruhe, die er spürte, fühlte sich jedoch sehr lebendig an. Diese Erfahrung war völlig neu für Manuel. Sein bisheriges Leben erschien ihm jetzt wie ein schaler Traum. Er war nur ein unwirkliches Gespenst gewesen, das auf diesem Planeten herumgespukt hatte und sich von den anderen Gespenstern hatte ängstigen lassen. Doch nun war der Traum zu Ende – er war aufgewacht.

Er erkannte jetzt, wie schön die Dinge in ihrer Vergänglichkeit waren und wie nutzlos es wäre, irgendetwas festhalten zu wollen. Er wusste mit jeder Faser seines Körpers, dass die Schönheit dieser Welt in der Veränderung lag, im Kommen und Gehen, im Aufblühen und

Verwelken. Und doch gab es nichts, was kommt und geht. Da war nur dieses klare, reine, zeitlose Dasein. Er fühlte sich wie im Himmel und doch ganz da auf dieser Erde.

Manuel traf Sonnenschein nie wieder, doch mit der Zeit hatte auch er das Gefühl, dass immer mehr Flaschen um ihn herum allmählich heller wurden.

Die zwei Mönche

Vor langer Zeit lebten einmal zwei Mönche, Bernardo und Antonio, fernab in den Bergen Italiens in einem einsamen Kloster. Nach dessen strengen Regeln waren ihnen der Kontakt zu Frauen und selbst Gespräche mit ihnen verboten.

Die beiden hätten unterschiedlicher nicht sein können. Antonio war groß gewachsen, von kräftiger Gestalt, Bernardo dagegen klein und schmächtig. Bernardo verbrachte die meiste Zeit in der kleinen Kapelle und vertiefte sich in das Gebet. Antonio hingegen unternahm oft lange Wanderungen auf die umliegenden Gipfel der Berge. Dann und wann setzte er sich einfach nur ins Gras und schaute mit leerem Blick in die Ferne. Doch trotz ihrer Unterschiede achteten sie einander sehr und waren gute Freunde.

Manchmal diskutierten sie bis tief in die Nacht hinein über Gott und die Welt. Der sanftere und ruhigere Antonio vertrat die Ansicht, dass ihre Religion wie ein Finger sei, der auf das Wesentliche zeige, während sich Bernardo streng an das überlieferte Wort hielt. So kam es, dass sie nicht selten vor schier unüberwindlichen Meinungsverschiedenheiten standen und manchmal tagelang nicht mehr miteinander redeten.

Einmal im Jahr mussten sie das weit entfernte Hauptkloster aufsuchen, um dem dortigen Abt Bericht zu erstatten. Außerdem erhielten sie dann auch ein wenig Geld, denn sie lebten allein in ihrem Kloster und das Wenige, das sie in ihrem kleinen Garten erwirtschafteten, reichte nicht aus für das tägliche Leben.

An einem warmen Frühlingsmorgen machten sich die beiden gemeinsam auf den Weg. Als Gepäck hatten sie nur ihre Almosenschalen dabei und das, was sie auf dem Leib trugen.

Sie wanderten über Hügel und einsame Täler zum Hauptkloster und gelangten am späten Nachmittag an die Furt eines kleinen Flusses. In den letzten Tagen hatte die Schneeschmelze eingesetzt, so dass das Wasser im Fluss jetzt hüfthoch stand.

Schon von Weitem sahen sie am Ufer eine junge Frau stehen, deren Kleidung nicht nur ausgesprochen prächtig war, sondern auch ihren wohlgeformten Körper hervorhob. Das schwarze Haar fiel ihr bis auf den Rücken herab. Als sie näher kamen, hörten sie die schöne Frau mit lauter Stimme klagen: »Wie soll ich nur hinübergelangen? Wenn ich ins Wasser trete, sind meine Kleider verdorben!«

Die Mönche blieben stehen, denn eine so schöne Frau hatten sie lange nicht gesehen.

»Sie sieht aus wie ein Engel«, fuhr es Antonio durch den Kopf, doch weiter wagte er nicht zu denken. Bernardo hingegen hatte sich schnell von der Frau abgewandt, um nicht angesprochen zu werden.

»Ich bin ein Mönch, ich darf das nicht hören und nicht sehen!«, dachte er.

Antonio sah belustigt, wie Bernardo ängstlich seine Hände auf Ohren und Augen presste. Entschlossen ging er auf die junge Frau zu.

»Soll ich euch über den Fluss tragen?«

Die schöne Frau nickte ihm dankbar zu. Durch die gespreizten Finger seiner Hand sah Bernardo das Unfassbare: Antonio umfasste Hüfte und Beine der schönen Frau und hob sie hoch! Die Frau indes schlang ihre Arme um seinen Hals und hielt sich daran fest.

Bernardo stand sprachlos mit offenem Mund da und blickte den beiden nach, bis Antonio die Frau am anderen Ufer absetzte. Erst als sein Weggefährte ihm zuwinkte, er solle doch nachfolgen, kam wieder Bewegung in ihn. Hilflos ließ er seine Arme sinken.

Die Frau bedankte sich bei Antonio und ging ihres Weges. Sichtlich verstört stieg Bernardo in das kalte Wasser und überquerte den Fluss. Am anderen Ufer angekommen, sagte er kein Wort. Schweigend setzten die Ordensbrüder ihren Weg fort. Nur ab und zu sah Antonio aus den Augenwinkeln, wie Bernardo immer wieder den Kopf schüttelte und Laute des Missfallens vor sich hin murmelte. Antonio lächelte darüber, war aber ganz in sein Gehen vertieft. So vergingen die Stunden.

Als sie ihrem Ziel näherkamen, platzte es aus Bernardo heraus.

»Bruder Antonio, wie konntest du das nur tun? Du weißt doch, dass wir ein Gelübde abgelegt haben, das uns untersagt, Frauen weder anzusprechen noch sie zu berühren! Du hast die heilige Regel unseres Ordens missachtet. Schämst du dich nicht? Und dann hat sie dich auch noch angelächelt und du hast ihr Lächeln erwidert!«

Antonio sah ihn nachdenklich an, sagte aber nichts zu den Anschuldigungen.

»Wage nicht, es zu leugnen!«, rief Bernardo empört. »Ich habe es mit eigenen Augen gesehen! Dafür wirst du in der Hölle braten! Und das geschieht dir ganz recht!«

Antonio hatte ihm schweigend zugehört. Nach einer langen Pause fragte er Bernardo: »Bist du jetzt fertig mit deinen Anschuldigungen?«

Bernardo nickte irritiert.

»Ist das nicht seltsam?«, fragte Antonio. »Ich habe die Frau am anderen Ufer gleich wieder abgesetzt, du aber trägst sie immer noch mit dir herum.«

Der Dummkopf

Es war einmal ein junger Mann, der in seinem Leben stets vom Pech verfolgt war. Erst waren ihm Vater und Mutter gestorben, dann hatte er durch einen Blitzschlag Haus und Hof verloren und schließlich war sein bester Freund mit dem Geld, das er ihm geliehen hatte, spurlos verschwunden.

Eines Tages, nachdem er auch noch seine Arbeit verloren hatte, dachte er sich: »Alles, was ich mache, geht schief. Wohin soll das noch führen?« In seiner Verzweiflung fiel er auf die Knie nieder und begann inbrünstig zu beten. »Lieber Gott, hilf mir. Ich habe mein Leben lang nur Pech gehabt. Was soll ich nur tun, damit ich endlich glücklich werde?«

Da vernahm er die Stimme Gottes: »Komm zu mir!«

»Aber ich weiß doch nicht, wo du bist«, sprach der junge Mann. »Wo soll ich dich denn suchen?«

»Mache dich auf und geh in den tiefen Wald. Wenn du mich dort findest, werde ich einen Glückspilz aus dir machen.«

Gleich am nächsten Morgen machte sich der junge Mann auf den Weg. Kaum hatte er den Wald betreten, stellte sich ihm ein großer, grauer Wolf in den Weg und sah ihn mit gierigen Augen an.

»Junger Mann, wohin gehst du?«

»Ich bin auf der Suche nach Gott.«

»Nach Gott?«, sprach der Wolf und seine Augen wurden noch größer. »Warum suchst du nach Gott?«

»Damit er einen Glückspilz aus mir macht«, sprach der junge Mann.

Der Wolf überlegte kurz, während der Speichel aus seinem furchterregenden Maul triefte. Dann sprach er:

»Kannst du mir einen Gefallen tun?«

»Natürlich«, sagte der junge Mann.

»Wenn du Gott gefunden hast, dann frag ihn doch bitte, warum ich immer so großen Hunger habe. Ich fresse den ganzen Tag Käfer und Schnecken und trotzdem werde ich nicht satt.«

Der junge Mann betrachtete den einsamen, grauen Wolf und obwohl er wirklich hässlich war, tat er ihm leid.

»Gut«, sprach er, »wenn ich Gott gefunden habe, werde ich ihn danach fragen.«

»Vielen Dank!«, sagte der Wolf und verschwand im Dickicht des Waldes.

Der Weg führte den jungen Mann immer tiefer in den dunklen Wald hinein. Da hörte er plötzlich ein leises Schluchzen. Er ging weiter und kam auf eine helle Waldlichtung. Da saß ein junges, wunderschönes Mädchen auf einem Baumstumpf, die zierlichen Hände vors Gesicht geschlagen, und weinte bitterlich. Als sie den jungen Mann erblickte, hob sie den Kopf und fragte ihn: »Junger Mann, wohin geht Ihr?«

»Ich bin auf der Suche nach Gott.«

»Nach Gott?«, sprach das junge Mädchen und blickte ihn erstaunt an. »Warum suchst du Gott?«

»Damit er einen Glückspilz aus mir macht«, antwortete der junge Mann. »Mein Leben lang habe ich immer nur Pech gehabt. Da habe ich in meiner Verzweiflung zu Gott gebetet, damit er mir hilft. Und nun bin ich auf dem Weg zu ihm.«

Das Mädchen schaute ihn mit ihren großen, schwarzen Augen an und sprach: »Kannst du ihn um etwas bitten?«

»Gerne«, entgegnete der junge Mann.

»Wenn du Gott gefunden hast, dann frag ihn doch bitte, warum ich immer so traurig bin.«

Der junge Mann betrachtete das hübsche Mädchen, das noch immer Tränen in den Augen hatte, und versprach ihr, Gott danach zu fragen, sobald er ihn gefunden habe.

»Vielen Dank«, sagte das Mädchen, und schon liefen wieder Tränen über ihre Wangen.

Der junge Mann ging weiter, tiefer und tiefer in den dunklen Wald hinein. Da hörte er plötzlich ein Rauschen. Nach einer Weile kam er an einen Fluss, neben dem ein mächtiger Baum stand. Er war so groß, dass seine Äste alle anderen Bäume weit überragten.

»Wohin des Weges, junger Mann?«, sprach der Baum und schaute von oben auf ihn herab.

»Ich bin auf der Suche nach Gott.«

»Nach Gott?«, fragte der Baum und seine Blätter raschelten geheimnisvoll. »Warum suchst du Gott?«

»Ich habe mein Leben lang immer nur Pech gehabt. Nun suche ich Gott, damit ich ein Glückspilz werde. Nur er allein kann mir zum Glück verhelfen.«

Der Baum stand wie angewurzelt da. »Könntest du mir einen Gefallen tun?«

»Natürlich«, war die Antwort des jungen Mannes.

»Wenn du Gott gefunden hast, dann frag ihn doch bitte, warum ich immer so viel Durst habe, obwohl ich doch so nahe am Fluss stehe.«

Der junge Mann versprach, das zu tun, und ging weiter, bis er in der Dunkelheit des Waldes den Weg unter seinen Füßen nicht mehr erkennen konnte.

Es dauerte nicht lange, da gelangte er in die Mitte des Waldes. Der

Boden unter ihm war weich, kühl und nachgiebig. Aus der Dunkelheit heraus tönte eine Stimme.

»Wer ist da?«, fragte der junge Mann, und seine Stimme klang ein wenig zittrig.

»Ich bin der, den du gesucht hast. Wie kann ich dir helfen?«

In der Dunkelheit des Waldes war niemand zu sehen. Es war, als stünde die Zeit still und selbst der Wind in den Bäumen schlief für einen Moment ein. Der junge Mann fasste sich ein Herz:

»Ich möchte so gerne glücklich sein«, klagte er. »Mein ganzes Leben lang wurde ich vom Pech verfolgt und jetzt will ich die andere Seite des Lebens kennenlernen.«

Da sprach Gott: »Dein Wunsch soll in Erfüllung gehen. Du musst nur durch die Türen gehen, die ich für dich öffne. Hast du das verstanden?«

»Ja, ja!«, entgegnete der junge Mann eifrig und nickte.

»Dann geh jetzt und werde glücklich!«

»Halt!«, sagte der junge Mann. »Bitte beantworte mir noch drei Fragen, ich habe versprochen, sie dir vorzutragen.«

Gott gab bereitwillig Antwort auf die Fragen, die der junge Mann von den dreien unterwegs gehört hatte, und zog sich zurück.

Überglücklich verließ der junge Mann den dunklen Ort. So schnell er konnte lief er nach Hause, um nur ja keine Minute seines neuen, glücklichen Lebens zu versäumen. Er beschleunigte seine Schritte immer mehr, bis er am Ende nur noch rannte. So kam er auch an dem mächtigen Baum vorbei, den er in seiner Eile vollkommen übersehen hatte.

»Halt!«, rief dieser.

Der junge Mann blickte verdutzt auf.

»Oh, entschuldige, ich hätte dich beinahe vergessen.«

»Sage mir, was hat Gott geantwortet, warum ich immer so durstig bin?«

»Gott hat gesagt, zwischen deinen Wurzeln und dem Wasser ist eine große Kiste vergraben, die mit Gold und Edelsteinen gefüllt ist. Sie muss nur entfernt werden, dann hast du so viel Wasser, wie du willst, und wirst nie wieder durstig sein. Aber ich habe jetzt keine Zeit mehr. Ich muss schnell nach Hause, denn ich bin jetzt ein Glückspilz!« Sprach's und lief davon.

Der große Baum blickte ihm verwundert nach und schüttelte seine Krone.

Der junge Mann aber rannte, als ginge es um sein Leben. Dabei übersah er völlig das schöne Mädchen auf der Waldlichtung.

»Halt!«, rief sie hinter ihm her. »Hast du mich vergessen?«

Der junge Mann entschuldigte sich hastig und fuhr fort: »Gott hat gesagt, du bist deswegen so traurig, weil du immer so alleine bist.«

»Oh«, sagte sie. »Und hat Gott noch etwas gesagt?«

»Ach, das hätte ich beinahe vergessen. Er hat auch gesagt, dass bald ein junger Mann vorbeikommt, in den du dich unsterblich verlieben wirst. Du wirst ihn heiraten, ihr werdet drei gesunde Kinder haben und zusammen sehr glücklich sein. Aber ich muss jetzt weiter, denn ich bin seit heute ein Glückspilz!«

Mit diesen Worten verließ er sie schon wieder, denn er wollte mit dem Glücklichwerden keine Zeit verlieren. Und so rannte er, so schnell ihn seine Beine trugen auf dem Weg weiter, der aus dem Wald hinausführte. Als er völlig außer Atem den Waldrand erreicht hatte, stellte sich ihm der große, graue Wolf in den Weg.

»Hast du Gott getroffen?«, fragte er und seine Zähne blitzten.

»Ja, ja!«, entgegnete der junge Mann ungeduldig.

»Und was hat Gott gesagt, warum ich immer so hungrig bin?«

»Er hat gesagt, du bist deshalb immer so hungrig, weil du nie etwas Richtiges zum Fressen findest.«

»Und? Hat er sonst noch etwas gesagt?«

»Ja, beinahe hätte ich es vergessen. Er hat auch gesagt: ›Sollte der Dummkopf noch einmal vorbeikommen, dann kannst du ihn zum Frühstück haben.‹«

Das waren die letzten Worte des jungen Mannes auf der Suche nach dem Glück. ❈

Das Geheimnis des goldenen Ringes

Es war einmal ein kleiner Junge, der hieß Tim und lebte mit seinem Vater in einem großen Wald. Er war ein fröhliches Kind, sein Vater hingegen sehr ernst, er lachte fast nie. Tim hatte oft versucht, ihn zum Lachen zu bringen, aber es war ihm nur selten gelungen. Die Mutter hatte Tim nie gesehen, und sein Vater schwieg, so oft Tim ihn nach ihr fragte.

Eines Tages, nachdem Tim früh am Morgen Holz geholt und den kleinen Ofen angeschürt hatte, lief er mit einem Korb in der Hand hinaus zum Beerensammeln und setzte sich in das weiche Moos einer Waldlichtung. Die ersten Strahlen der Sonne schienen ihm ins Gesicht und er genoss ihre Wärme. Da hörte er aus dem Haus einen Schrei. Tim lief sogleich zurück und sah seinen Vater auf dem Bett liegen. Sein Gesicht war blau angelaufen.

»Was ist los, Vater?«, fragte Tim besorgt.

»Mein Leben geht zu Ende.«

»Aber Vater!«, rief Tim. »Du kannst mich doch nicht allein lassen in diesem großen Wald!«

Mühsam richtete sich sein Vater auf.

»Tim, hör mir zu, du musst jetzt stark sein«, flüsterte er. »Ich weiß, du bist ein guter Junge. Bevor ich von dieser Welt gehe, möchte ich dir diesen Ring geben. Er ist ganz aus Gold, aber das ist nicht das Wesentliche. Er hat verborgene Kräfte, doch welche das sind, musst du selbst herausfinden. Wenn ich tot bin, begrabe mich hinter dem Haus und dann gehe fort von hier!«

Kraftlos sank er auf das Kissen zurück und hauchte sein Leben aus. Tim saß auf der Bettkante und weinte.

»Nun bin ich ganz allein auf dieser Welt! Was soll ich nur tun?«, schluchzte er. Da fiel ein Sonnenstrahl durch die offene Tür auf den Ring, der wunderbar erstrahlte. Tim nahm ihn und steckte ihn in seine Hosentasche. Dann begrub er seinen Vater hinter dem Haus und steckte ein Holzkreuz, das er aus zwei Ästen zusammengenagelt hatte, auf das Grab. Während dieser Zeit war es ganz still im Wald. Kein Vogel sang, kein Lüftchen regte sich. Nur das leise Schluchzen von Tim war zu hören.

Nachdem er den Vater beerdigt hatte, schien es, als erwache der Wald zu neuem Leben. Die Vögel sangen so laut und schön, dass es Tim vorkam, als hätte er das alles noch nie so deutlich gehört. Langsam ging er ins Haus zurück, packte seine Sachen und ging fort.

Ohne nachzudenken lief er tiefer in den Wald hinein, als er je zuvor gegangen war. Gegen Mittag kam er an eine Quelle, die aus einem Felsen hervorsprudelte. Mit beiden Händen schöpfte er das kühle Wasser und trank. Dann legte er sich auf das weiche Moos und schlief ein. Als er wieder aufwachte, ging die Sonne bereits unter. Eilig stand Tim auf und machte sich wieder auf den Weg.

Sehr schnell wurde es dunkel. Nach einer Weile sah er in der Ferne ein kleines Licht schimmern.

»Ob hier im Wald wohl jemand sein Haus hat?«, fragte er sich.

Langsam ging er auf den schwachen Lichtschein zu und kam zu einer kleinen Hütte. Eine Kerze im Inneren warf ihren hellen Schein durch das Fenster in die Nacht. Keine Menschenseele war zu sehen. Er ging um das Häuschen herum und fand eine niedrige Tür, klopfte, doch nichts rührte sich. Ängstlich öffnete Tim die Tür und trat in die Stube. Neben einem kleinen Tisch saß ein alter Mann mit dem Gesicht zur Wand auf dem Boden. Er bewegte sich nicht.

»Hallo«, flüsterte Tim fast unhörbar.

Langsam drehte der Alte sein Gesicht zur Seite und sah Tim mit freundlichen Augen an.

»Guten Abend«, flüsterte Tim noch einmal, »ich heiße Tim. Mein Vater ist heute früh gestorben und nun bin ich ganz allein auf der Welt. Darf ich heute Nacht bei dir bleiben?«

Der alte Mann stand langsam auf und Tim bemerkte, dass er einen alten, braunen Umhang trug, der an manchen Stellen schon arg verschlissen war.

»Wer bist du?«, fragte Tim.

Der Mann sagte nichts. Stattdessen deutete er mit der Hand auf einen kleinen Stuhl. Tim setzte sich. Der Alte nahm ihm gegenüber Platz und ließ seine blauen Augen lange auf Tim ruhen. Es schien Tim, als würde er tief in seine Seele blicken.

»Ich lebe hier schon lange Zeit ganz alleine und zurückgezogen«, begann der Alte leise und mit gedämpfter Stimme, fast so, als müsse er seine Sprache erst wiederfinden. »Weißt du, was ein Eremit ist?«

»Nein, das Wort habe ich noch nie gehört«, sagte Tim.

»Ein Eremit ist jemand, der sich in die Einsamkeit zurückgezogen hat, um zu sich selbst zu finden.«

»Was bedeutet das: zu sich selbst finden?«, fragte Tim.

»Das bedeutet, die Geheimnisse des Lebens zu entdecken.«

»Und, hast du schon welche entdeckt?«, fragte Tim neugierig. Der Alte strich Tim sanft über den Kopf und lächelte.

»Du musst müde und hungrig sein.«

Er nahm einen Topf vom Herd, in dem eine wohlriechende Suppe brodelte.

»Da sind viele gute Kräuter drin. Sie werden dir Kraft geben. Jetzt iss erst einmal und lass es dir schmecken.«

Hungrig verzehrte Tim die köstliche Suppe bis auf den letzten

Rest. Dann legte er sich auf das Strohlager, das der Eremit in der Zwischenzeit neben dem Herd für ihn vorbereitet hatte.

»Danke«, sagte Tim leise und schlief sofort ein.

Als er am nächsten Morgen aufwachte, stand die Sonne schon hoch am Himmel. Tim rieb sich den Schlaf aus den Augen. Die Hütte war leer. Er ging vor die Tür und sah den Alten auf dem Boden knien, um Kräuter zu sammeln. Als er Tim bemerkte, richtete er sich auf und nickte ihm zu.

Sie frühstückten gemeinsam und Tim erzählte von seinem Vater. Dabei erinnerte er sich wieder an den goldenen Ring. Er nahm ihn aus seiner Tasche und zeigte ihn dem Eremiten. Der Alte betrachtete den Ring sehr aufmerksam.

»Der ist ja ganz aus Gold«, sprach er.

»Ja«, sagte Tim, »aber das ist nicht das Wesentliche, hat mein Vater gesagt. Er hat mir erzählt, dass der Ring wunderbare Kräfte hat, doch dann ist er gestorben. Er konnte mir nicht mehr sagen, wie man diese Kräfte nutzt. Vielleicht wusste er es aber auch nicht. Weißt du es vielleicht?«

»Nun«, erwiderte der Alte, »der Ring ist aus purem Gold. Wenn du ihn verkaufst, bist du ein reicher Mann.«

»Aber ich will ihn nicht verkaufen. Viel lieber wäre es mir, sein Geheimnis zu ergründen«, erwiderte Tim.

»Das ist nur möglich, wenn du genug Weisheit in dir hast«, entgegnete der Alte.

»Und wie wird man weise?« fragte Tim.

»Indem man seinen Blick nicht mehr in die Zukunft oder die Vergangenheit richtet«, sagte der Alte.

Einen Augenblick lang schwiegen beide. Dann fuhr er fort:

»Das Gold ist nicht das Wesentliche.«

»Ja, ja, ich weiß«, sagte Tim, »das hat mein Vater auch gesagt.«

»Du musst gleichsam hinter den Ring schauen.«

Tim blickte durch den Ring, aber er sah nur Bäume und Sträucher.

»Nein, so siehst du nichts«, sagte der Alte. »Ohne Weisheit wirst du das Geheimnis des Ringes niemals entschlüsseln.«

Tim wurde neugierig. »Kannst du mir die Weisheit beibringen?«, fragte er.

»Nein, das kannst nur du selbst, denn die Weisheit ist in dir. Sie kann dir von niemandem beigebracht werden.«

»Und warum nicht?«, fragte Tim.

»Weil du sie schon hast«, erwiderte der Alte.

»Hat es mit dem seltsamen Wort zu tun, das du gestern gebraucht hast?«, fragte Tim.

»Ja.« Der Alte schwieg für einen Augenblick. »Wenn du lernen willst, zu dir zu finden, kann ich dir gerne dabei helfen, aber erwarte nicht, dass es schnell geht. Ein Leben ist oft viel zu kurz.«

»Ich habe viel Zeit«, sagte Tim, »ich bin erst zehn!«

Der alte Mann lachte. »Du kannst bei mir bleiben, so lange du willst. Lass uns gleich beginnen.«

So blieb Tim bei dem Alten und lernte als erstes, auf seinen Atem zu achten. Jahre vergingen, und immer lernte er dazu. Jedes Mal aber, wenn Tim den Alten fragte, ob er jetzt weise sei, schüttelte der Alte den Kopf.

An einem heißen Sommertag beschlossen beide, sich im nahe gelegenen See zu erfrischen. Tim war jetzt fünfundzwanzig Jahre alt.

Als er ins Wasser stieg, erschrak er heftig. Er konnte sich im Wasser nicht sehen. Er schaute ins Leere. Er sah zwar das Wasser, aber er fand kein Spiegelbild von sich darin.

»Ich bin nicht mehr da!«, rief Tim.

»Sorge dich nicht«, beruhigte ihn der Eremit. »Wer sich findet, verliert sich. Und wer sich verliert, der findet sich. Je mehr von dir abfällt, desto größer wird deine Weisheit.«

Eines Abends saßen sie draußen vor dem Haus in der Abendsonne. Ihr goldener Schein strahlte durch die Bäume und warf lange Schatten. Tim hielt den Ring in der Hand und betrachtete ihn nachdenklich.

»Der Ring ist aus purem Gold«, sagte er nach einer Weile zu sich.

»Aber das ist nicht das Wesentliche«, erwiderte der Alte.

Tims Blick fixierte den goldenen Ring. Dann sprach er langsam:

»Er ist rund, ... er hat keinen Anfang und kein Ende, ... die Form des Ringes ist aus Gold ...« Tim hielt inne.

»Und weiter?«, fragte der Alte.

»Das Gold des Ringes kann nicht ohne diese Form sein und die Form des Ringes kann nicht sein ohne das Gold. Weisheit kann nicht ohne mich sein und ich kann nicht sein ohne Weisheit.«

»Und weiter?«, sprach der Alte.

Tim hielt inne.

»Wer bin ich dann?«, fragte Tim, den Blick ins Leere gerichtet. »Um den Ring herum ist alles leer und innerhalb des Ringes ist auch alles leer. Ohne diese Leere wäre der Ring kein Ring.«

Der Alte sagte nichts. Er blickte abwartend vor sich hin.

»Die Leere ist das Besondere!«, rief Tim plötzlich aus. »Die Leere ist das Geheimnis!«

»Und weiter?« fragte der Alte.

Wieder hielt Tim den Ring vor sein rechtes Auge und schaute hindurch.

»Hinter dem Ring sehe ich Bäume und Sträucher, aber sie sind ebenso leer wie der Ring«, flüsterte er aufgeregt.

»Wie meinst du das?«, fragte der Alte.

»Sie sind zwar da, aber auch wieder nicht. Ich kann sie deutlich sehen. Aber es kommt mir vor, als wären die Bäume nicht mehr fest oder aus Holz. Sie haben keine Äste mehr und keinen Stamm. Sie sind vollkommen ohne Substanz! Ich habe keine Worte mehr dafür!«

Tim ließ den Ring fallen, sprang auf und umarmte den Stamm einer Eiche, die nicht weit von ihm aufragte. Der Alte beobachtete ihn lächelnd.

»Bin ich jetzt verrückt geworden?«, fragte Tim.

»Nein«, entgegnete der Alte, »du siehst die Welt nur so, wie sie wirklich ist.«

Tim kam langsam zurück. Er sah dem Alten tief in die Augen.

»Auch wir beide sind nicht wirklich, wir sind nur Erscheinung, nur leere Form.«

Der Alte hatte Tränen in den Augen. »Endlich hast du es geschafft!«, flüsterte er.

»Das ist es, nur das!«, rief Tim und konnte sich gar nicht mehr beruhigen.

Langsam erhob sich der Alte. Er legte Tim seinen Arm um die Schultern und gemeinsam gingen sie aus dem Wald hinaus, schweigend, schauend, in eine Welt voller Wunder.

Der goldene Ring aber liegt noch immer tief im Wald und wartet auf den, der ihn findet.

Die weise Schildkröte

Es war einmal ein junger Mann mit Namen Thomas, der sein Leben lang auf der Suche nach dem Glück war. Schon als Kind hatte er seine Eltern immer wieder gefragt, wie er denn glücklich werden könne. Die Eltern hatten ihm geraten: »Lerne nur fleißig und schreibe gute Noten in der Schule, so wirst du bestimmt glücklich werden.«

Thomas hatte fleißig gelernt und in der Schule nur gute Noten geschrieben. Am Ende hatte er das beste Zeugnis von allen, aber das Glück hatte er dennoch nicht gefunden. Daraufhin hatten ihm seine Eltern empfohlen zu studieren, um später einmal viel Geld zu verdienen. Also studierte er die Rechtswissenschaften und wurde ein gelehrter und angesehener Anwalt. Doch auch das befriedigte ihn nicht.

Jahre später heiratete er eine hübsche Frau und sie hatten zwei Kinder. Immerhin war Thomas jetzt zufrieden, aber glücklich war er auch jetzt noch nicht. Bald hatte er so viel Geld verdient, dass er alle seine Wünsche erfüllen konnte. Er kaufte sich teure Autos und Häuser, die er vermietete, und sah sich auf vielen Urlaubsreisen die weite Welt an. Aber auch das machte ihn nicht recht glücklich.

Eines Tages ging er in die Kirche und traf einen Priester, dem er sein Anliegen erzählte. Der Priester riet ihm: »Du musst ganz fest an Gott glauben und die Gebote einhalten, dann wirst du bestimmt sehr glücklich.« Er tat, wie ihm geraten worden war und ging fast jeden Tag zur Kirche. Auch für wohltätige Zwecke spendete er viel Geld, aber glücklich machte ihn das immer noch nicht.

Als seine Eltern nach langer Krankheit starben, verfiel er in tiefe Trauer. Ihm wurde klar, dass auch sein Leben irgendwann ein Ende haben würde und dass er sein Ziel, glücklich zu werden, noch immer nicht erreicht hatte.

Eines Tages machte er einen langen Spaziergang und stieg auf einen Berg nahe der Stadt. Oben angekommen, setzte er sich auf einen großen, runden Stein und blickte sinnend in die Ferne. Plötzlich bewegte sich der Stein unter ihm. Erschrocken sprang er auf, um nachzusehen. Das, worauf er saß, war der Panzer einer uralten Schildkröte. Sie streckte ihren faltigen Hals heraus und sah Thomas mit schwarzen Äuglein an.

»Was sitzt du hier auf meinem Rücken?«, fragte sie ihn.

»Ich bin auf der Suche nach dem Glück, aber ich kann es nicht finden«, erwiderte Thomas.

»Das ist keine leichte Aufgabe, die du dir da gestellt hast. Lass mich nachdenken, ob ich dir helfen kann«, sagte die Schildkröte und fügte ihrem runzligen Gesicht noch einige Falten hinzu. Nach einer Weile sprach sie wieder: »Du musst alles loslassen, woran du dich innerlich festhältst. Wenn du das gelernt hast, komm wieder.«

Daraufhin zog sie sich wieder in ihren Panzer zurück. Thomas stand auf und ging in die Stadt zurück. In den nächsten Wochen und Monaten verkaufte er all seine Luxusgüter. Er las jedes Weisheitsbuch, das er finden konnte, nur um einen einzigen Hinweis zu finden, wie man glücklich wird. Doch er fand nichts. Darüber vergingen die Jahre.

Eines Tages erinnerte er sich wieder an die Schildkröte. Da machte er sich auf und bestieg erneut den Berg, um sie um Rat zu fragen. Oben angekommen setzte er sich wieder auf ihren Rückenschild und wartete. Nach einer Weile bewegte sich der Panzer und die Schildkröte streckte ihren Kopf heraus.

»Du bist viel älter geworden, seit ich dich das letzte Mal gesehen habe.«

»So ist es, doch glücklich bin ich nicht geworden.«

Die Schildkröte hörte aufmerksam zu. Nach einer langen Pause fragte sie: »Hast du meinen Rat befolgt?«

»Das habe ich«, erwiderte Thomas.

»Gut«, sagte die Schildkröte. »Du hast alles verkauft, was außerhalb von dir selbst liegt. Aber hast du auch alles verkauft, was in dir liegt?«

Thomas blickte sie erstaunt an. »Was meinst du damit?«

»Ich meine, hast du auch deine Gedanken, deine Gefühle und deine Vorstellungen verkauft?«

»Nein«, sagte er, »das habe ich nicht. Wie könnte man seine Gefühle verkaufen?«

»Komm nur jeden Tag zu mir«, riet ihm die Schildkröte. »Setz dich auf meinen Panzer und mache es wie ich. Zieh dich einfach in dich selbst zurück. Dann werden wir sehen.«

Thomas dankte der Schildkröte für ihren Rat und befolgte ihn fortan sehr aufmerksam. Jeden Tag kam er jetzt zu ihr und setzte sich für einige Stunden auf ihren Panzer. Er zog seinen Geist wie die Schildkröte ihren Kopf in sich selbst zurück und beobachtete, wie Gefühle, Vorstellungen und Wünsche in ihm auftauchten und wieder verschwanden. Immer mehr davon fielen von ihm ab, und allmählich spürte er, wie er innerlich freier wurde.

So vergingen Wochen und Monate, aber er war noch immer nicht glücklich. Ganz im Gegenteil: Er konnte weder lachen noch sich mit anderen freuen. Es war ihm nicht mehr möglich, zu weinen oder Anteil zu nehmen am Schicksal anderer Menschen. Er fühlte sich, als wäre er in einer inneren Wüste angekommen.

Als er wieder einmal zur Schildkröte kam, erzählte er ihr seinen Kummer. Die Schildkröte hörte ihm geduldig zu. Als er zu Ende erzählt hatte, fragte sie: »Und wie steht es mit dir? Hast du dein Leben auch verkauft?«

»Wie sollte ich mein Leben verkaufen?«, entgegnete er.

»Wenn du das Glück finden willst, musst du sterben, bevor du stirbst. Finde heraus, wer da beobachtet!«, sagte die Schildkröte und blickte Thomas mit halb geschlossenen Augen an. Dann verschwand sie in ihrem Panzer und kam nicht mehr hervor.

Thomas baute sich eine kleine Hütte auf dem Berg, um der Schildkröte nahe zu sein und sich besser in sich selbst zurückziehen zu können. Er sprach nicht mehr und tat nur das Nötigste für sein Leben, ansonsten saß er auf dem Rückenpanzer und richtete seine ganze Aufmerksamkeit nur noch auf den gegenwärtigen Augenblick.

Und wirklich, eines Tages geschah das Unvorstellbare: Himmel und Erde brachen ihm auseinander. Er begann schallend zu lachen und die ganze Welt, ja das ganze Universum lachte mit ihm. Ein ungeheueres Glücksgefühl stieg in ihm auf. Er breitete die Arme aus und umarmte die ganze Welt. »Wie wunderbar!«, rief er immer wieder. »Es ist so einfach!« Nun hatte er sein Glück gefunden. Oder hatte das Glück ihn gefunden?

Mit festen Schritten stieg er den Berg hinunter und konnte nicht aufhören zu lachen. Alle Menschen, die ihm begegneten, steckte er mit seinem Lachen an. Er nahm seinen Beruf wieder auf und wurde ein weiser Richter, der im ganzen Land geachtet wurde.

Viele Jahre später besuchte Thomas noch einmal die Schildkröte auf dem Berg, um sich bei ihr zu bedanken. Doch als er unter den Panzer blickte, sah er, dass dieser leer war.

Einstein

Es war einmal ein reicher Bauer, dem gehörte alles Land, so weit sein Auge blicken konnte. Als nun der Frühling kam, ging er mit seinem Pferd hinaus auf die Felder, um zu pflügen. Er stapfte hinter seinem Pferd her und beobachtete, wie die Erde vor ihm umgegraben wurde. Da fiel ihm plötzlich ein seltsamer Stein auf, der an die Oberfläche gelangt war.

»Brrrr!«, rief er und sein Pferd stand still. Er hob den Stein vom Boden auf und sah ihn sich näher an. Daran war nichts Besonderes, aber dem Bauern gefiel er.

»Das ist ein schöner Stein«, dachte er, »den will ich mit nach Hause nehmen«, und er steckte ihn in seine Hosentasche. Wie er nun weiterging, sah er noch weitere solche Steine und er stopfte seine Taschen damit voll.

Als es Mittag wurde, begann er zu schwitzen, denn die Steine in seinen Taschen wogen schwer. So ging er nach Hause und spannte das Pferd aus. Dann begab er sich in seine Stube und legte sorgfältig alle Steine auf das Fensterbrett.

Am späten Nachmittag spannte er sein Pferd erneut vor den Pflug und tat wie gewohnt seine Arbeit. Dabei hob er jetzt jeden Stein auf, der an die Oberfläche gepflügt wurde, denn was sollten die Steine schließlich auf seinen Feldern? »Das Getreide kann nicht gut wachsen, wenn so viele Steine in der Erde sind«, dachte er, »ohne Steine im Acker werde ich eine größere Ernte einbringen.«

Als er alle Taschen mit Steinen gefüllt hatte, kehrte er erschöpft nach Hause zurück. Die Steine verteilte er auf den anderen Fensterbrettern. »Morgen will ich einen Rucksack mitnehmen«, dachte er,

»auf diese Weise kann ich noch mehr Steine aufsammeln.« Und so geschah es.

Es dauerte nicht lange und bald waren alle Truhen, Tische und Schränke in seiner Stube mit Steinen bedeckt. Er begann jetzt, sie auf dem Boden seiner Stube auszubreiten. Jeden Abend bewunderte er müde, aber voller Stolz die Steine und lobte sich für seinen Fleiß.

Der Rucksack reichte ihm bald nicht mehr aus, und so kaufte er einen kräftigen Handkarren. »Den werde ich auch mitnehmen, dann kann ich ihn, wenn die Taschen und der Rucksack voll sind, hinter mir herziehen.« Und so tat er. Das Pferd zog vorne den Pflug und der Bauer hinten den Handkarren. Er nahm jeden Stein auf, wie groß oder hässlich er auch sein mochte. So ging es Tag für Tag und seine Stube füllte sich weiter mit Steinen. Jeden Abend sank er erschöpft von der Last seiner Arbeit auf das Bett und schlief sogleich ein.

Nicht lange, da hatte es sich im Dorf herumgesprochen, dass der reiche Bauer alle Steine auf seinem Acker aufhob und einsammelte. »Es muss etwas Besonderes an den Steinen sein«, dachten die Leute, »wenn der reichste Mann im Dorfe sie aufsammelt.« Und sie begannen, es dem Bauern gleichzutun, wenn sie zum Pflügen hinausgingen.

Der Bauer aber war wie besessen von seinem Wunsch, alle Äcker von den Steinen zu befreien und sie mit nach Hause zu nehmen. Ein riesiger Berg von Steinen erfüllte bald das ganze Haus. Und immer Weitere brachte er heim und legte sie dazu. Bald waren Tisch und Stühle darunter begraben und er konnte nicht mehr schlafen, weil selbst sein Bett ganz von Steinen bedeckt war. Auch schmerzte ihn ständig der Kopf, denn die Steine waren eine harte Unterlage für den Schlaf.

Von Zeit zu Zeit kamen die Leute aus dem Dorfe und schauten nach, wie viele Steine er bereits in seiner Wohnung hatte. »Der steint sich richtig ein«, bemerkte einer der Nachbarn, als er den Berg von Steinen sah. Das brachte dem Bauern den Namen »Einstein« ein. Als er seine Tür nicht mehr öffnen konnte, schnitt er eine kleine Öffnung in die Zimmerdecke, durch die er den Berg in seiner Stube betreten konnte. Jeden Tag aber wurden es mehr Steine, mit denen er sein Haus füllte.

Mit der Zeit jedoch fühlte der Bauer, wie ihm selbst immer weniger Raum blieb. Bald wurde die Enge so bedrückend, dass er sich jede Nacht auf seinem harten Lager hin und her wälzte und keinen Schlaf mehr finden konnte. Und dennoch konnte er nicht aufhören, weitere Steine nach Hause zu tragen.

Eines Tages kam ein Maler, der ein Bild von ihm anfertigte, wie er ganz oben auf dem Berg von Steinen saß. Darüber schrieb er in großen Lettern: »Alles begann mit einem Stein.« Der Maler reiste mit dem Bild durch das Land und erzählte allen Leuten von dem steinreichen Bauern.

Es dauerte nicht lange, und viele Menschen kamen, die ihn sehen wollten und ihn bewunderten. Bald nannten ihn alle nur noch Einstein und begannen ebenfalls, Steine zu sammeln und nach Hause zu tragen. Schließlich kannten ihn alle Menschen des Landes, ja die Menschen in der ganzen Welt, und alle taten es ihm gleich. Sie waren nur noch damit beschäftigt, Steine nach Hause zu tragen. Selbst in der Schule wurde den Kindern beigebracht, wie man Steine sammelt und dass derjenige, der die meisten Steine zu Hause hat, der reichste Mensch dieser Welt wäre.

Doch von all dem hat der Bauer nichts mehr erfahren. Als er sein Haus bis oben hin mit Steinen angefüllt hatte, waren die Steine ins Rutschen gekommen und hatten ihn erschlagen. Der Donner der herabrollenden Steine aber hatte das Dorf wie ein Erdbeben erschüttert. Mit heraushängender Zunge fand man ihn Tage später.

»Es führt zum Tod«, tuschelten die Menschen ängstlich, und sie gingen nach Hause, um heimlich Stein für Stein wieder abzutragen. Manch einer ist heute noch damit beschäftigt.

Der Todesengel

Es war einmal eine alte Frau, die war so beschäftigt mit ihrem Leben, dass sie keine Zeit zum Sterben hatte. Immer, wenn der Tag zu Ende ging, bereitete sie sich ein Tasse Tee zu und ließ sich, müde von der Arbeit des Tages, in ihrem Lieblingssessel nieder. Eines Abends stand plötzlich jemand neben ihr im Zimmer. Erschrocken sah sie auf.

»Wer bist du?«, fragte sie.

»Hab keine Angst vor mir. Ich bin der Todesengel, es ist an der Zeit für dich, mit mir zu gehen.«

»Du meinst, ich soll jetzt sterben?«, fragte die Alte empört. »Wie stellst du dir das vor? Dafür habe ich jetzt keine Zeit! Ich muss morgen, wie jeden Tag, meinen Enkel vom Kindergarten abholen, denn meine Tochter ist berufstätig. Sie hat außer mir niemanden, der sich um das Kind kümmern kann. Bitte geh und komme später wieder!«

Der Todesengel überlegte kurz, nickte verständnisvoll und tat, wie ihm geheißen. So schnell, wie er gekommen war, war er auch wieder verschwunden.

Jahre vergingen. Eines Tages jedoch – die alte Frau spülte gerade ihr Geschirr in der Küche – stand der Todesengel wieder neben ihr und sah sie an.

»Was willst denn du schon wieder?«, fragte die Alte. »Siehst du nicht, dass ich beschäftigt bin?«

»Du musst mitkommen, deine Zeit ist abgelaufen«, sagte der Engel.

»Aber du weißt doch, dass ich keine Zeit habe!«, entgegnete die Alte. »Habe ich dir nicht schon das letzte Mal gesagt, dass ich mich um meinen Enkel kümmern muss?«

»Nun, der ist jetzt groß genug und geht nicht mehr in den Kindergarten«, erwiderte der Engel.

»Das ist es ja!«, warf die Frau ein. »Er muss jetzt in die Schule, und wenn er nach der Schule zu mir kommt, braucht er etwas zum Essen. Dann muss ich ihm bei den Hausaufgaben helfen und die Vokabeln abfragen. Meine Tochter hat dafür keine Zeit, denn sie muss immer länger arbeiten, weil das Leben immer teurer wird. Ich kann jetzt wirklich noch nicht mitkommen. Komm später wieder!«

Verwundert blickte sie der Todesengel an. So etwas war ihm noch nie passiert. Doch er hatte ein Einsehen mit der Frau und verschwand. Die Alte atmete erleichtert auf und trocknete ihr Geschirr ab.

Wieder zogen die Jahre ins Land. Die alte Frau stand im Badezimmer vor dem Spiegel und fuhr sich gerade mit der Bürste durchs Haar, als der Todesengel neben ihr auftauchte.

»Was, du schon wieder?«, rief sie. »Hast du nichts anderes zu tun, als alte Frauen zu erschrecken?«

»Diesmal musst du mitkommen«, sagte der Todesengel sehr bestimmt. »Deine Zeit ist endgültig vorüber. Und komme mir ja nicht wieder mit irgendwelchen Ausreden!«

»Was glaubst du, warum ich hier vor dem Spiegel stehe? Ich mache mich gerade zurecht für den Weg ins Altenheim. Dort sind viele einsame, alte Menschen, um die ich mich kümmere. Außer mir haben sie niemanden, der sie besucht und ihnen Mut zuspricht, wenn sie einsam und krank sind. Wenn du auch nur eine Spur von Mitleid hast, dann lässt du mich jetzt zu ihnen gehen!«

Der Todesengel öffnete den Mund, doch die Frau wartete seine Antwort gar nicht erst ab.

»Ich muss jetzt los, sonst komme ich zu spät. Bis später!« Und damit war sie zur Tür hinaus.

Der Engel machte sich so leise davon, wie er gekommen war.

Weitere Jahre vergingen. Die Frau war mittlerweile so alt geworden, dass sie das Haus nicht mehr verlassen konnte. Als sie eines Abends in ihrem Lieblingssessel saß, kam ihr der dunkle Besucher wieder in den Sinn.

»Wenn der Todesengel jetzt käme«, dachte sie, »würde ich mit ihm gehen.«

Im gleichen Augenblick stand er neben ihr. Sie blickte ihm in die Augen.

»Jetzt bin ich bereit. Du kannst mich in den Himmel mitnehmen.«

Der Engel lächelte.

»Ja, was glaubst du denn, wo du die ganze Zeit gelebt hast?«

Weitere Veröffentlichungen von Wolfgang Walter:

Märchen zum Aufwachen – Audio-CDs in Vorbereitung

Shoyoroku – 100 Koans im Dialog erläutert.
ISBN 978-3-936285-23-9. 320 S., 29,80 €

Meditationstexte – eine Sammlung mystischer Texte aus Buddhismus, Islam und Christentum.
ISBN 978-3-936285-26-0. ca. 200 S., 19,80 €

Spiritualität und Wissenschaft – Zen trifft Quantenphysik.
Wolfgang Walter im Gespräch mit dem Quantenphysiker Hans-Peter Dürr (erscheint 2008).
Buch: ISBN 978-3-936285-27-7. ca. 160 S., 14,80 €
DVD im Dezember 2007, Audio-CD in Vorbereitung

Befreiung des Ich – Die transformierende Kraft des Zen-Weges.
ISBN 978-3-936486-59-9, 200 Seiten, 18,60 €

Große Koan-Sammlung Bd. 1 und 2 – ISBN 978-3936018110 und 978-3936018127. 192 bzw. 184 Seiten, je 22 €

Koan-Schulung – ISBN 3-8311-3435-9, 140 Seiten, 22 €